寧波歷史文獻叢書

徐時棟集

寧波市人民政府地方志辦公室 整理

【四】

寧波出版社

袁燮傳

先公壙志

袁喬

先公諱燮字和叔姓袁氏明州鄞縣人明今為慶元府曾祖諱灼故左朝議大夫尚書倉部郎中妣恭人石氏祖諱坰贈朝奉郎妣安人林氏考諱文贈通議大夫妣淑人戴氏先公以紹興十四年四月癸卯生乾道二年入太學淳熙七年中上舍選八年登進士第授迪功郎江陰軍江陰縣尉忠定史越王薦於朝召赴都堂審察先公以未嘗歷任仍就尉職十三年以高宗慶壽恩循修職郎十五年十一月以措置荒政特循兩資避通議諱寄理從事郎十二月差沿海制置司幹辦公事十六

年以進士射賞循儒林郎紹熙元年丁通議憂三年丁淑人憂五年五月差江東安撫司幹辦公事未上閏十月除太學正慶元元年六月罷二年差浙東安撫司幹辦公事六年差福建常平司幹辦公事開禧元年八月就任改通直郎九月差通判贛州未上三年辟差權沿海制置司參議官嘉定元年正月除宗正寺簿五月差樞密院編修官八月轉奉議郎十一月兼權考功郎官二年正月除太常丞仍權考功郎七月差權發遣江州三年賜緋衣銀魚四年除提舉江西常平茶鹽十月兼權隆興府五年轉承議郎六年正月除尚書都官員外郎

五月遷司封七月兼國史院編修官實錄院檢討官十二月以進高宗寶訓轉朝奉郎七年正月除國子司業兼職仍舊十一月以進中興經武要略轉朝散郎八年正月除秘書少監仍兼司業七月除秘書監十月兼國子祭酒九年二月兼崇政殿説書六月講尚書徹章轉朝請郎十二月除權尚書禮部侍郎仍兼祭酒陞同修國史實錄院同修撰兼侍講十年轉朝奉大夫賜紫金魚袋十一年三月除試禮部侍郎六月以進讀資治通鑑徹章轉朝散大夫七月陞兼侍讀十月以明堂恩封鄞縣開國男食邑三百戶十二年六月罷八月以前侍

經筵進讀續帝學徹章轉朝請大夫十三年正月除寶謨閣待制提舉南京鴻慶宮八月轉朝議大夫十四年四月差知温州辭不受六月除寶謨閣直學士依前宮觀閏十二月以明堂恩進爵爲子食邑六百戶十五年三月轉中奉大夫四月以寶璽恩轉中大夫進爵爲伯食邑九百戶十六年正月除煥章閣學士十月轉大中大夫十七年八月以疾乞致其事是月癸巳薨於正寢享年八十有一會今上御極有旨進顯謨閣學士轉通奉大夫致仕遺奏聞特贈龍圖閣學士光祿大夫官其後如格賻銀絹皆二百娶邊氏嘉泰三年卒贈淑人子男四

喬宣義郎新知紹興府新昌縣丞承議郎新除太學博
士甫朝奉郎權知徽州商承奉郎新監臨安府新城縣
稅女四長適從事郎監鎮江府寄樁庫林宗次適國學
進士鄭景淵次適舒鏻次適江西漕司進士邊應時孫
男四衡國學進士復循徽是歲十二月丙午諸孤奉先
公之柩葬於鄞縣陽堂鄉穆公嶺之原合淑人墓且密
邇通議兆域也窆有日不肖孤男喬泣血斂次大略書
而納諸壙契姪修職郎秘書省讀書陸持之填諱

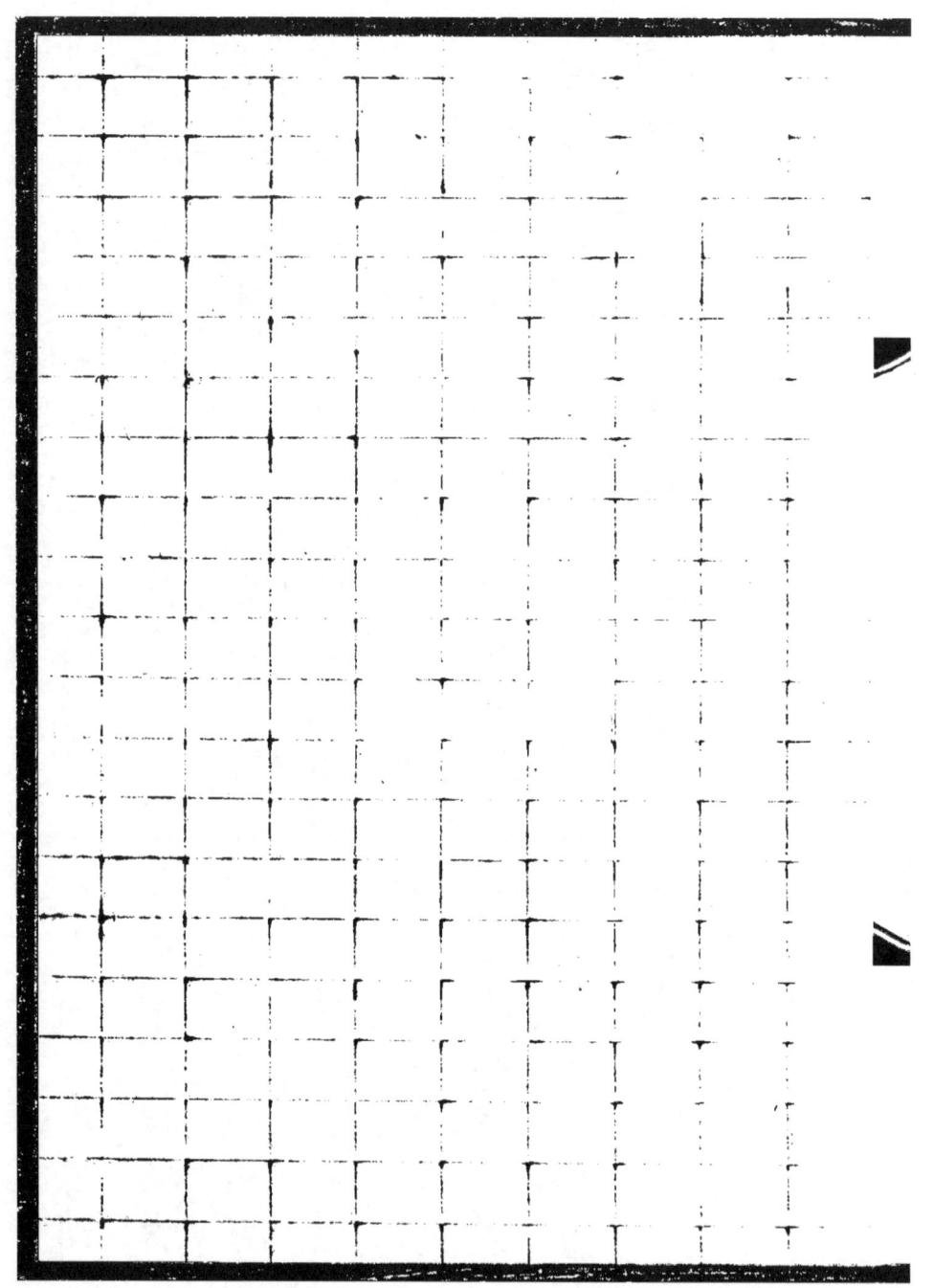

故龍圖閣學士袁公墓銘志　　楊簡

故龍圖閣學士袁公諱燮字和叔明州鄞縣人明今為慶元府曾祖諱灼故左朝議大夫尚書倉部郎中妣恭人石氏祖諱埛贈朝奉郎妣安人林氏考諱文贈通議大夫妣淑人戴氏和叔以乾道二年入太學淳熙七年中上舍選八年登進士第歷仕外則尉江陰為浙東福建帥倉兩屬官辟權沿海制司議幕守九江攝豫章持江西庾節内除太學正去國再召為宗正簿遷樞密院編修奉常丞俱權考功郎補外入都官遷司封歷學官長貳俱兼史館又兼崇政殿說書權禮部侍郎自權為

一

正兼侍講又兼修國史實錄院同修撰兼侍讀去國為南京鴻慶祠官積階自迪功郎轉凡十七至通奉大夫職自寶謨閣侍講陞至顯謨閣學士爵自鄞縣開國男三陞至伯食邑自三百戶至九百戶嘉定十有七年八月癸巳薨於正寢享年八十有一遺表以聞特贈龍圖閣學士光祿大夫官其後如格賻銀絹皆二百娶邊氏嘉泰三年卒贈淑人男四喬宣義郎新知紹興府新昌縣肅秉義郎新除太學博士甫朝奉郎權知徽州商承奉郎新監臨安府新城縣稅女四長適從事郎監鎮[illegible]椿庫林宗次適國子進士鄭景淵次適舒鑣次適江西

漕司進士邊應時孫男四衡國學進士復循徽和叔生
有異質凝粹端慤髫齔不好戲弄惟喜觀水乳母置盆
水其前則端坐熟視移時不動夜臥常醒然達旦至老
猶如此篤實不欺嗜慾淡泊心無偏倚行無瑕玷久之
益明親師取友急於道義志氣恢宏博覽羣書自六經
諸子百家及前代治亂興亡之迹暨國朝故事靡不該
貫於先聖格言大訓玩索尤精有契於心則終日諷咏
師尊象山先生之學訓諸子期卓然植立諸子登科甫
冠多士亦無甚喜色齊家躬率以正涖官修舉職業聞
望可紀在外臺未嘗輕劾官僚曰有不善姑教之奚以

按劾為立朝大節能為人所難初為學官獲罪權臣一斥十餘年操守愈礪及登班列擢侍從赤心事上始終如一其在經筵也勤啟沃謂陛下不邇聲色祗畏天戒此時之心即諒陰三年之心先帝改容敬聽他講官或有陳奏先帝必顧曰果如是否往復問辨玉音琅琅今起居注可考其在成均雖節宣約束以為常時春秋七十有三四年矣師弟子更相叩擊開明本心由是學者皆知吾心即道不假外求勇於遷善進不止者作冠帶接遇禮居論思獻納之地奏疏無虛月事關國體正色敢言略無忌諱舉朝悚然金人衰弱假息於汴韃靼新

興將覲於我已成之功為多以圖金以和叔抗疏力爭
謂與幣乃偷安之計適以召兵中國治戎狄服乃[illegible]安
丹丘兵山東流民强負來歸邊境遇之甚嚴和叔又力
爭以為阻中原向化之心不可之大者同列議不合屢
上章丐去未得請而論罷去之日太學生歌詩餞送者
三百餘人和叔曰以致仕為名以去位為高豈余心哉
乾道變化各正性命保合太和雷雨作解而百果草木
皆甲拆吾道固如是吾心亦如是退居閭里可逸豫而
偶得淋疾既久起居有常度未嘗少變容貌雖瘠而神
明不衰有來問者必整冠襟見之病中有朋友未報之

書索紙筆悉答作府學記上虞縣橋記易簀之前三日取二稾再加審訂一字不苟神氣益精明起居猶如常伏枕纔一日翛然而往子女在前弗顧也處存没之變怡然不亂如此和叔以絜名齋學者稱之曰絜齋先生薨之日四方聞者悲悼太學生相率為位而哭及他郡士友致奠者其詞甚哀生平著述多諸孤將哀次成帙其他嘉言善行見於太史氏兹不殫紀是歲十有二月丙午諸孤奉帷荒葬於鄞縣陽堂鄉穆公嶺之原祔修合置淑人墓且賚遹通議公兆域諸孤泣請簡銘簡與和叔同講學和叔立朝光明臨終不亂簡不勝興敬

顯謨閣學士致仕贈龍圖閣學士開府袁公行狀

真德秀

本貫慶元府鄞縣

曾祖灼左朝議大夫尚書倉部郎中妣石氏

封恭人

祖垌贈朝奉郎妣林氏贈安人

父文贈通議大夫妣戴氏贈淑人

公諱燮字和叔姓袁氏其先出有虞嬀姓春秋時陳大夫濤塗始見於經兩漢之世最稱賢者曰博士固司徒安晉宋迄唐人物相望至我朝而四明袁氏寖顯其譜

錄可考者府君謚生本州助教志志生贈太中大夫斐斐生左朝奉大夫知處州贈光祿大夫轂博極羣書登嘉祐第嘗通判杭州蘇文忠公為守譚論賡酬相得甚歡公之高大父也袁氏世學源流於此倉部登元祐第嘗守婺時蔡氏顓國其黨曹宗者橫於一州倉部以法誅之入對徽皇以清心省事安不忘危為獻至朝奉通議皆以篤厚醇實稱於鄉戴淑人亦博覽圖史如古列女生四子公其仲也公端粹專靜得之於天生數月乳媪置盤水其前玩視終晷夜臥常醒然達旦五六歲讀書數過即成誦少長讀東漢黨錮傳拊編太息以名節

自期乾道初入太學陸先生九齡為學錄公望其德容睟盎肅然起敬亟親炙之而同里之賢如沈公煥楊公簡舒公璘亦皆聚於學朝夕以道義相切磨器業日益充太平居莊敬自將為同舍所嚴憚暨升前廊範物以躬處事有法士益推服淳熙辛丑第進士孝宗在御久責治切有勸公對策宜謂大體已正當堅忍以俟其成公不謂然直以意對具言大體未正與所當更張者以是僅得丙科而言堅忍者竟為舉首公以舍選當得教官丞相史忠定公勉以姑為一尉遂注江陰是歲忠定薦士十有五人公在選中有旨審察公曰始仕而召可

乎遲次屢年授生徒以供菽水江陰故兩尉弓兵合二百人後獨置一尉弓兵亦多虛額公至盡補之葺亭教射躬自按閱其勇鋭善緝盜者遇之加優盜輒立獲初弓兵散處閭巷至是始為營紀律肅整如軍伍尉舍旁有黃田港民居素稠密公以保伍法部分之因寓火政浙西大饑提舉常平羅公點鈔選僚吏任賑卹事而就以江陰屬公公謂經理田野之政自一保始每保畫一圖凡田疇山水道路橋梁寺觀之屬靡不登載而以民居分布其間某治某業丁口老幼凡幾悉附見之合諸保為一都之圖合諸都為一鄉之圖又合諸鄉為一縣

之圖可以正疆界可以稽戶口可以起徒役可以備姦偷凡按征發爭訟追胥之事披圖一見可決在田野為保社在軍旅為伍法韓信多多益辦用是故也公首以此為荒政之要由是民被實惠而欺偽者無所容訖事羅公薦於朝有旨陞擢既又循兩資終更入都周丞相謂當處公班列少須三月其可公曰遲遲以待內除非吾志也且親老得便養足矣即就沿海制屬以歸紹熙初衆正在廷而公連遭內外艱未及用甯宗嗣位始以太學正召然侍講朱公及諸名儒已次第去國矣未幾趙丞相罷公知必不為時所容然猶晨入學延見生徒商

確理道或謂諸生多上書議所時事不當誘進公不為變迄以此論罷自是僞學之禁興而正人無容足地矣公貧甚退處泰然久之得浙東帥屬再為福建常平屬官嘗言職分無大小皆當自竭非求人知滯訟如山窮日夜繙閱凡所予奪無再愬者改秩通判贛州未上會開禧邊事作兩淮大震擾公謂海道通山東宜謹備而内地盜賊尤不可不務防趙尚書善堅帥淮海請公攝參議官後帥傅公伯成因之公為言備禦大略及團結鄉兵事宜傅公壹以相屬公周眡屬邑所至按閱井井有倫嘉定初元天子既誅權臣盡起當世鴻碩召公為

宗正簿樞密院編修官權考功郎遷丞奉常時諸賢雖
收召而鯁直者罕見親二年春因對言曰陛下履位之
初委任賢相正士鱗集於朝人情翕然以為太平可致
而欲竊威權者從旁睨之彭龜年逆知其必亂天下因
對顯言其姦陛下竦然開納然龜年繼以罪去而權臣
根據自若羣邪和之排斥善類積而至於無故興師幾
危社稷嚮若陛下篤信龜年折奸邪於萌蘖之初豈至
是哉正人端士今不為乏惟陛下所用耳書曰有言逆
於汝心必求諸道往者龜年所進合於道之言也今日
復有指陳闕失盡心無隱者即龜年之言也陛下追思

龜年蓋嘗臨朝太息曰斯人猶在必大用之固已深知龜年之忠矣陛下此時之心即二帝三王敬賢納諫之心也常存此心急聞剴切之言崇獎樸直之士若龜年之効忠者接踵而至矣一龜年雖沒衆龜年繼進何憂天下之不治哉是歲都民艱食公又言古者制國用量入為出今當饑饉艱危之時惟有裁節冗費自乘輿服御至百司庶府無所不節以為施惠之具或可以濟又論軍兵虛籍宜用孝宗獎邵宏淵故事凡軍帥有能以姦蠹來上者褒寵之不然者擯絀之軍費省則民食寬矣因言用度當節或恐有傷國體然民者邦之本以邦

本之故少虧國體未害也上皆嘉納之而公請外甚力知江州屬歲不登公請於朝貸椿管錢九萬緡為糴本告糴旁郡計口以糶循環相因市直頓平郡仰征稅以給公謂薄征所以來商旅益損稅額擇僚吏以董之舳艫相銜無苛取無濡留至者大悅又謂周官幣餘居九賦之末亦足用一端也於是窒滲漏稽餘羨用賴無乏郡治有亭扁以節愛凡非奉禀之正者皆不取蘭燕游削交餽至事關風教惠養則汲汲為之大學宮創福田院居再歲畧計經用之餘緡錢猶二十七萬郡當大江之衝而城堞不治因請悉舉為版築費報可朝廷患楮多錢

少令沿江八郡通用鐵錢勑榜下九江公曰此令一出銅錢將盡閉藏姑緩揭榜將力言之俄聞金陵以鐵錢二當銅錢一咸謂不便而朝廷亦弗果行人服公之先見公每謂牧守兼兵民之寄訓習師旅所不可後种世衡教射法可行始至大閱以銀為的中者給之竟日無一焉乃合卒伍時按試第其能以賞自是中者如櫛破的常數十峒寇鴟張上命副都統劉元鼎提兵討捕公問何以平賊元鼎銳欲殄滅而實無必勝策公告之曰諸峒崖谷峻險若輕入其阻未易得志不如以重兵壓之勿與爭鋒而待其斃元鼎從公言按兵南安不與賊爭角

來則禦之而賊果降提舉江西常平權隆興府事會朝廷新易楮幣分遣中都官出使諸道察不如詔者帥守奉承過當稍損厥直者即寘於辟公知上意本以救弊而非欲毒民因王君棐銜命至為請言之後兩月至臨川則聞官吏競為發摘黥流之罪日報公歎曰吾可不為明主一言乎即上章具論官吏以刻核之心行苛暴之政刑罰不中民無所措手足邦本朘削深為國家憂願詔監司郡守奉行寬大俄以都官郎官召時更化六年而頹綱未舉宿弊猶在上方恭己仰成公言古者大有為之君所以根源治道者一言以蔽之曰此心之精

神而已心之精神洞徹無閒九州四海靡所不燭故書曰光被四表格于上下又曰帝光天之下二帝之精神也曰明明我祖萬邦之君德日新實重光三王之精神也二帝三王終日乾乾自強不息故能全此精神照臨天下至於今仰之陛下雖有仁心仁聞而大有為之效未著願毋以寬裕溫柔自安必以發強剛毅相濟朝夕警策不敢荒甯以磨勵其精神鑒觀古昔延訪英髦以發揮其精神日進而不止常明而不昏則流行發見莫非精神矣昔我藝祖當亂縣分裂之際整頓乾坤如再開闢詩曰周雖舊邦其命維新新者精神之謂也願陛

下以藝祖為法則我宋之維新亦當常如創業之初又言帝王不可不勤於訪問上首肯再三且言問則明遷司封郎官因對言曰臣昨勸陛下勤於好問而聖訓有曰問則明退與朝士言莫不稱歎而側聽十旬陛下之端拱淵默猶昔也臣竊惑焉夫既知如是而明則當知反是而闇明則光輝旁燭無所不通闇則是非得失懵然不辨或以為人主一言之失史官書之天下議之問而不當不如勿問臣謂不然自古帝王之言豈能無失惟得賢臣開陳正救歸於至善而已豈可畏人之譏議而終於不問哉兼國史編修實錄檢討官明年春遷秘

書少監兼司業及秋進祭酒冬除秘書監仍兼祭酒公謂邇年士氣不振皆由本心無所興起而司教養者有摧阻無開導以故日就頹靡每延見諸生必迪以反躬切己之學常病世之學者徒知襲先儒緒言通遺經訓釋而未能自得於心不足以為學吾心即道不假外求忠信篤實是為道本聞者竦然有得士氣日以激昂上焉者可與語斯道之本原次亦不失為謹敕士至國有大議叩閽投匭爭獻所聞始無負於天子之教育矣禁中銀器失上不忍坐主者命以錫易之公言陛下聖德如此而治教未著以臣管見或者人君之大節猶有可

議者歟易曰大哉乾元萬物資始論語曰大哉堯之為君是故君子大之為貴孟子曰古之人所以大過人者無他焉善推其所為而已惟陛下恢宏志氣毋自菲薄以成大功時韃靼甚强金勢日蹙我朝屢遣使不得通公言戰守無二道威聲雄略可以決戰而後可以固守謝安相晉未嘗輕用兵也秦師垂至桓沖以根本為憂遣兵入衛安卻之曰朝廷處分已定甲兵無闕味已定無闕之語則知講之有素備之非一日矣願陛下亟圖之九年春正月兼崇政殿說書因對條陳四事其一曰在易之乾天行健君子以自强不息宜健而弱非天德

也故君德弱則不進紀綱弱則不張法度弱則不修號令弱則不行治内而弱則中國不尊治外而弱則四裔不懾女眞將亡無智愚皆知之陛下愛惜生靈遵養時晦似未失也而揣摩迎合之徒遂欲苟安於無事有言不可者則詆之曰是欲用兵耳加以是名時所甚諱則不敢復言而不知我能自奮則不戰而屈人兵我不自强而示人以弱則適以召兵安能息兵韃靼夏人自昔雄盛新興諸豪兵力亦强皆知中國之弱日夜垂涎伺隙而作竊恐兵端寖起而禍患未易平也陛下可不法天行健磨厲精神破庸人之論以强中國之勢其二謂

賞刑二柄不原乎天則朝綱弛而國勢陵頽大明公道
以救其弊其三謂旱蝗相仍民大饑困而長民之吏慮
蠲放太多罕以實告故饑民不可勝計而惠施不能遍
及晉之李雄李特初起不過流民寖盛乃能據蜀鑒覩
往事可為寒心我朝內帑之儲本為凶荒備所宜止絕
他費專以賑饑為急其四謂廣謀從衆則合天心今侍
從之臣所以資獻納之益也日近清光而不聞有所咨
訪通政一司所以達庶僚之言也虛名僅存而不聞有
所規箴則是朝廷之舉事實未嘗與天下共之也自今
事關利病皆當廣咨博訪是為至公是為天心行此四

者易於轉圜而臣猶慮未能盡行者諂諛之風未息而
蒙蔽之患方深孔子曰遠佞人佞人殆而孟子亦曰與
讒諂面諛之人居國欲治得乎崇觀政宣之際此徒實
繁所以靖康之禍至大至酷今日所當深戒又言向者
女眞甚强中國不逮所以受禍今之韃靼猶女眞初興
時上曰亦聞韃靼强盛公遂言今日未皇他務且須咨
訪臣下但能行此一事其效立見陛下卽位之初羣臣
多聞玉音自爲韓侂胄所悞惟恐有錯所以咨訪甚少
上曰錯不妨乎對曰古人稱獻可替否若皆無錯則惟有
獻可無否之可替矣上曰予違汝弼汝無面從專賴臣

下正救十一月權禮部侍郎同修國史實錄院修撰進
侍講兼祭酒公謂人臣以經誼輔導人主非徒誦說而
已因講詩二南於先王正始之本后妃輔佐之道所以
自身而家自家而天下者既敷演厥旨深寓規儆之意
至列國變風有關乎君德治道者亦委曲開陳託其義
以諷十年夏四月霖雨不已公言善為天下者當使陽
制陰不當使陰干陽今淫雨為災兼旬未止此陰盛陽
微之徵也一二年來正論漸微正塗漸梗賢者潔身而
去諂諛緘默以順為正者尚多有之豈天意哉金國垂
亡敢犯王略皆由君子道消所以召侮如此陛下必欲

十

輒

國勢恢張亦惟擇夫剛毅正直不肯詭隨公論之所屬而沈伏於下僚棲遲於遠外者拔舉而尊禮之則精神立變誰敢侮之金失燕徙居於汴來索歲幣未予輒舉兵寇邊或欲以攢年積歲幣輸之公謂果出此不可以為國矣請對具言所以不可與狀又謂用兵一事雖治世不能免以言兵為諱以安居為樂變生不虞無以禦之為計疎矣自北方擾攘流民欲歸附者甚衆皆拒絕之有至於殺戮者流民之怨深入骨髓安知金不能激怒之使讎我乎自古善用兵者攻其所必救彼擾吾邊疆而吾舉兵北向欲擣其虛必解而去從而躡之腹背受

敵此制勝之奇策也不知出此而戰於境內兵氣不揚矣又安能決勝乎上曰開禧我先用兵彼直而我曲今日金人叛盟我直而彼曲公對曰今日之事要在陛下剛明果斷振作士氣上然之公復言歲幣不可與上曰卻可以此賞有功七月請對論今之刑政未明者四事國不自重以人而重忠良布列重於九鼎姦諛竝進輕於鴻毛今自更化以來非才不用而國勢寖弱敵心遂啟者則以所用之才非眞才耳似奮發而實怯懦也似多能而實寡陋也不皇皇於仁義而汲汲於榮祿已不自重又豈能為國重乎國人不服又豈能服外域乎今之

儒帥固有德望巍然舉世推重者分閫瀘南未為不用而地非切要不足以觀其施設今之忠賢亦有慷慨論事名聞中外者宜還天朝尊崇國勢而遣守支郡未究所長舍莫邪而用鉛刀棄周鼎而寶康瓠是非顛倒何以立國今日民困甚矣重以貪吏肆虐政以賄成監司牧守更相餽遺習以成風於是昔之優裕者今凋敝矣昔之歡樂者今愁歎矣行都之建垂九十年生齒雖蕃衣食未裕蓋自楮幣更新而蓄財之多者頓耗鹽筴屢變而藏鈔之久者遽貧頻年水旱民無餘貲物貨積滯商旅不行故大家困竭而小民焦嗷市井蕭條而官府

匱乏勢所必至京輦之下人心不甯殆孔子所謂吾恐季孫之憂不在顓臾而在蕭牆之內也朝廷舉錯人所觀瞻罪當重而輒輕之禁當嚴而輒弛之皆非至公無私之道開禧用兵一時將帥扞患守城者不爲無勞事平之後乃以廉謹責之豈漢家宥李廣利赦陳湯之意夫政刑苟明强大之鄰不足畏政刑不明微弱之敵不可忽又謂當今之計當以漸圖之因舉伍員圖以敝楚者與李泌困賊之謀王朴開邊之策爲上言謂三人者皆欲先困之而後取其功雖少緩而十全無失乃所以爲速十一月又請對言小大之臣咸懷忠良則朝廷之

勢尊邪正雜糅忠讒竝進則人主之勢孤今在廷之臣惟靡曼是娛惟珍奇是好淫侈相高燕樂無節同堂合席不聞箴規赤心謀國者果如是乎賢才之於國猶禦寒之衣裘養生之穀粟汲引善類無間親疏所以報國也今推賢揚善固不為乏而挾私害正者亦或有之合於己則掩覆其大過異於己則指摘其小疵毀譽發於私情而眞才不得展布赤心謀國者豈其然乎星象屢變其占為兵甚可畏也而不以為憂帝城之近剽掠公行非小故也而不以為恠旱蝗之後征科如故殘民之大者也而不以為非導諛貢佞婾合苟容以梯寵禄又

豈赤心謀國者乎植私者衆赤心者寡人主少所憑仗
其何以重朝廷乎又言王辛光州之勝可謂奇功而行
賞差薄上曰賞豈可薄薄則無以激勵後人公又言自
昔備禦四裔不過防秋今則無時不至如四月犯光州
是也上曰春夏亦不可不防公言陛下但能選用赤心
謀國之臣布滿朝列日聞忠言朝無闕政四裔自然率
服上曰卿言甚當又言陛下垂意宰屬精選才士以充
之然政事不勝其多而宰屬止於數人耳目不能徧察
思慮不能周知急則鹵莽緩則壅滯甚非所以彌縫宰
輔也願詔大臣增置椽屬廣求賢俊秉心公正者爲之

十三

則所補多矣十一年正月天大雷電繼以飛雪公言雷乃發聲蟄蟲啟戶著於月令之仲春今先期以發已非其時矣雷陽也中國亦陽也雪陰也外裔亦陰也當春而雪未為害也而作於雷震之餘陽已發舒而陰忽用事有外裔侵侮中國之象豈小故哉蓋自殘金竄伏汴都陛下不忍遽絕仍與通好遺黎歸附者拒而不納故此曹惟我是怨而金人以我為怯糾合羣怨致死於我陛下履至尊之位而見輕於垂亡之國辱莫大焉其可以不奮發乎書曰元首起哉起云者奮發之謂也元首奮發則國人莫不奮發矣深懲既往之失克圖日新之

功恢張綱紀振起頹惰以伸中國之威破外裔之膽此所謂奮發也雷雪之變人皆以為陰盛陽衰所致此皇天佑啟上聖欲以剛濟柔而成以陽制陰之功也陛下可不仰體天意乎二月除禮侍兼侍讀金人侵軼西陲公進對言蜀利害甚悉大略欲開示大信以結茲邊忠義之人俾為吾用則敵不能支又謂曩時金人去中國遠糧運難繼故和可以久今假息之地密邇於我利苟在焉豈其顧盟忻地四平難以立國欲奪我險要為駐足之地首犯浮光襄漢駸駸至蜀覬其志非專為歲賜也且所以欲和者圖省費爾往年四月聘使之還甫入

十四

吾境而犯順之兵亦以是日入難信如此和可恃乎戌可撤乎忠義之人既與敵為仇彼方仇之我則和之大拂其情倒戈反噬誰與禦之堂堂中國卑辭厚幣謹奉垂亡之國自示削弱誰不侮之自古立國固有終不與外裔通好者石勒來聘晉焚其幣何獨今日必欲通好乎財用未足兵力未强以通和為戒若非體國者究其實而言求和自我不保其往將有無窮之悔絕不通好事雖難辨是乃久安之策上曰卿可謂忠直矣十二年冬時雪雖應俄頃即止公謂此洪範庶徵所謂豫常燠若者也陛下早朝晏罷不徇貨色不盤遊田無逸豫之

失而有逸豫之災其故何歟以臣觀之所謂逸豫者非必貨色遊畋之謂邊烽未熄戎事方殷而優游恬愉若四方無虞之日眞才未用宿弊未革駸駸焉入於頹敝之域即所謂逸豫也因言時雪未降惟陛下致誠感格庶幾亟回天意上曰朕日在禁中致禱公言古人應天以實須要修明政事登進忠良屛去邪佞此乃應天之實又請以內帑付外廷俾任鈎考之責未幾復對論蜀關外事宜曰今春寇犯興元歷金洋以至大安我師勦之威聲震矣然變詐之性巧於窺覘萬一乘我少懈奪我江源順流而下不可不慮也夫藩籬嚴密彼安得以

窺我根本堅壯彼安得以搖我因言蜀之急務六欲復階成和鳳之保障捜揚巴蜀之人才優大安戰功之賞與夫教民兵防蠻患紓民力條數甚悉且謂蓺祖得蜀甚難今可不思所以保蜀之策又謂國事之可憂者莫如蜀外障之難防者亦莫如蜀何者其地至遠也有才而無識者不可以為蜀帥有勇而無謀者亦不可以為蜀帥何者其任至重也奏舉反復再三上曰可見卿忠誠愛君公進讀高宗寶訓推演甚詳而上亦玉音屢發其尤大者則因論進退人才之公上曰天大地大道大王亦大惟其至公所以為大論賞罰適中上曰柔而不

中則為始息剛而不中則為霸道剛柔皆得其中則為
王道論損鼎言呂頤浩過失而上則曰此所謂言及乘
輿則天子改容事關廊廟則宰相待罪又云上下之情
交通則為泰不交通則為否若臺諫不言何由得知論
擇宰相而上則曰人主擇宰相宰相擇百官為治之要
道也主好要則百事詳主好詳則百事荒其後續帝學
至司馬康講洪範三德哲宗問只此三德為更有德起
居舍人王巖叟請書於冊以示萬世公言哲宗發問不
過兩言而當時賢臣其喜如此以此知帝王之學要在
發問上曰問則明不問徒然無益於事又讀至上官均

言好學好問公言人主豈可不好問不好問則羣臣之邪正政事之得失必不能盡知說書柴中行亦奏須觀所問之人邪正公言但觀其所言為己乎為國乎則邪正辨矣上曰若為一身計便是小人又讀至講讀官舊皆有講義中間侍讀獨廢程璃隨事著明其說公言臣所以每遇進讀[illegible]必從而敷陳之此乃法程璃之所以事高宗者上曰若只讀一遍何益公之意以為儒臣進讀當兼之以陳說人主務學當參之以好問故懇懇言之而上亦應答如響啟沃之助於是為多公德量恢宏充以涵養嘗言伊川程公稱明道先生視其色接物如春

陽之溫聽其言入人如時雨之潤為善形容有德者氣象平居待物粹和之氣可挹至立朝論事則義形於色凛不可回一時正論賴以宗主而同列始有側目者矣金國垂亡聘使屢返非我絕好彼自內訌公謂歲幣不必與而議者以為當與困獸跳梁屢蹂邊鄙彼自為寇非我興戎公謂戰守不可弛而議者以為當和孜孜獻納有言必盡近臣之職所當爾也而目曰多事侃侃守正不阿時好平生之節不可屈也而指為好名公白歸至八九上迄不之許會三學諸生伏闕上疏斥主和者之非既而金臺論列乃併公以罷十二年六月也太學

薨

諸生三百餘人祖餞都門外且賦詩以別公曰乾道變化各正性命雷雨作解草木甲坼此吾志也以直得名豈其心哉明年除寶謨閣待制提舉鴻慶宮起知溫州辭陞直學士皆奉祠如初明年春疾大作而神觀精明著述弗倦或勸公宜少休者公曰吾以此為笙鏞筦磬不知其勞也八月庚寅猶竄定近作疾革醫來必整衣冠以見癸巳薨於正寢公受知甯皇終始簡記既薨之三日甯皇亦棄天下嗚呼痛哉公官自改秩十二遷為太中大夫爵自鄞縣男再進為伯食邑自三百戶至九百戶今上御極陞顯謨閣學士加秩二等致仕遺奏聞

贈龍圖閣學士光祿大夫官其後如格賻銀絹皆再百自諸老淪謝天下之士視公出處以為輕重及是聞者莫不傷盡太學諸生相率為位於西湖之昭慶寺以哭四方之來奠者其辭皆哀學者稱公不以爵氏而曰絜齋先生云寶慶三年上有事南郊以二子登朝贈金紫光祿大夫紹定三年明堂恩贈開府儀同三司自象山先生闡明大道揭以示人曰學問之要得其本心而已心之本眞未嘗不善有不善者非其初或然也公始遇之都城一見即指本心洞徹通貫警策之言事事切己公神悟心服遂師事焉研精覃思有所未合不敢自信

居一日豁然大明因筆於書曰以心求道萬別千差通體吾道道不在他此公自得之實也慈湖楊公與公同師造道亦同而每稱公之覺爲不可及其見諸言論則曰人生天地閒所以超然獨貴於物者以是心爾心者人之大本也此心存則雖賤而可貴不存則雖貴而可賤又曰大哉心乎與天地一本精思以得之兢業以守之則與天地相似又曰直者天德人所以生也本心之良未嘗不直回曲繚繞不勝其多端者非本然也其告君以此其教學者亦以此某之漕江左也公贈以言謂中庸曰天地之道可一言而盡也其爲物不貳則其生

物不測大雅曰上帝臨女無貳爾心惟此大本不必他求卓然不貳萬善咸具古人所以兢兢業業不敢少懈者懼其貳也至為作忠宣堂記則曰心本不偏制行而原於心斯不偏矣凡此皆所以推明本心之善也又嘗言道不遠人本心即道知其道之如是循而行之可謂不差矣然未能為一則猶有間也執柯伐柯睨而視之猶以為遠謂其未能無間則雖近猶遠爾惟夫全體渾融了無間隔則善之至也又曰吾道一以貫之非吾以一貫之也舜由仁義行非行仁義若致力以行之則猶與仁義為二也其言益精切矣雖然公非苟知而已也

少而任道晚日益力其致遠也萬里之途跬步未至不敢以遂休也其任重也萬鈞之負銖兩弗逮不肯以遽已也閎其量必欲如滄海之涵浸粹其行必欲如璠璵之光潔嘗言人心至神翳之以欲則不神矣故其修身以寡欲為主勇猛奮勵痛自懲窒又謂人之欲無窮必求所以滿其欲非道而取何所不至養小喪大淪胥不仁不義之域豈不哀哉晚於所居為樓名以是亦曰直不高大耳是亦樓也以至山石花木衣服飲食貨財隸役亦莫不然至於宦情亦薄曰直不高顯耳是亦仕也凡身外之物皆可以寡求而易足惟此身與天地並廣

大高明我固有之朝夕磨勵必欲追古人而與俱若徒儕於凡庸而曰是亦人爾則吾所不敢也以此自警且以誨子孫云公自少有志經濟之業每謂為學當以聖賢自期仕宦當以將相自任故其所講明者由體而用莫不兼綜謂學不足以開物成務則於儒者之職分為有闕自六藝百家與史氏所記莫不反覆紬繹而又求師取友以切磋講究之東萊呂成公接中原文獻之正傳公從之游所得益富永嘉陳公傅良明舊章達世變公與從容考訂細大靡遺其志以扶持世道為己責然自始學於義利取舍之辨甚嚴嘗讀論語至不義而富

且貴於我如浮雲慨然歎曰士之知所輕重當如是矣
辭受進退惟義所在金石弗渝方孽臣顓柄天地閉塞
徘徊卑冗不以爲辱公道開明羣臣拔茹致位禁近不
以爲榮惓惓一心惟王室生民是念事有不可陳義固
爭蓋將尊君重朝而措天下於大甯也道不果行齎志
以歿然其所立固已偉然爲萬夫之特矣曾子所謂仁
以爲己任死而後已孟子居廣居立正位行大道者於
公見之公之事親如天事君亦如天由其本心昭明隨
時著見有一無二親雖歿敬奉遺體舉足不忘無適而
非親也身雖退心在闕廷一飯不置無適而非君也於

昆弟友愛尤篤弟櫄亦事公如嚴師從兄濤嗜學固窮其亡也為斂葬嫁其孤女之未嫁者於宗族賙貧拯厄備極其至於朋友忠而盡自為幕府事其長敬以誠及在朝廷每言君相同體愛吾相者所以愛吾君也故勤勤納忠甯有違拂而不忍蔽欺嘗告人曰導諛雖可喜未必非賣我鯁言雖難聽異日乃眞能不負者也公嘗鑒絕人李正節誠之始見於鄞傾蓋如舊交嘉定初李與丹陽劉君宰偕命召公謂某曰此二人者皆所謂有所不為者也其後二公果皆如所許云少而嗜書白首弗厭凡聖賢大訓切於己者味之終身夜則默誦病亦

吟諷講道於家以諸經論孟大義警策學者於書禮記論說尤詳其所成就後學甚衆博觀羣籍取其切用者會萃成編謂法度之言自秦以前乃可矜式故有先秦古書若干卷謂學士大夫不知兵則武夫悍將得矜所長而緩急無以應變故有兵略若干卷謂祖宗成憲為人臣者所當講究故有皇朝要錄若干卷其辭章根本至理一言一句皆胸襟流出謂語孟中無難通之辭難曉之義故凡所著不為奇險刻峭語而溫純條鬯自不可及晚而好詩嘗賦進德堂諸篇趣味幽遠而於一卉木之芬馨一羽毛之皜潔輒寄興焉曰吾之自修當如是

也此豈苟為賦咏者邪奏議藹然忠誠讀者感動銘志
欽事有史法諸子裒其集若干卷藏於家公之在宗正
也修甯宗玉牒在樞庭修經武要略先時修書官類不
經意將進則取具臨時公涖職即悉力編摩後數歲乃
進呈大要多出公筆史院修高宗寶訓紀錄過詳公刪
繁翦浮見為得體後修孝宗寶訓遂專以屬公退自儀
曹坐史館輒終日書垂成而公去議者又欲用司馬溫
國公編通鑑故事俾以書局自隨或言國史出外有禁
乃止公娶邊氏進士友益之女先公二十有一年卒屢
贈申國夫人至性淑行詳公所為墓誌墓在鄞縣某里

某山之原謹案在縣東陽鄉穆公嶺之原堂公薨遂合葬焉某年某月某日也謹案嘉定十七年十二月丙午子男四喬某官謹案鄉貢進士宣義郎知紹興府新昌縣後若干年卒肅某官謹案慶元五年進士江州觀察推官知臨安府甫某官謹案嘉定七年進士第一官至兵部尚書謚正肅商某官謹案嘉定十六年進士監臨安府新城縣稅女四孫男五始公嘗言所貴乎世家者非必七葉珥貂如漢金張八葉宰相如唐蕭氏名位雖崇而不能皆賢何世之有若東都之袁楊二氏氣脈聯屬名德俱隆則可謂世家矣吾之先世雖出處之不侔然皆忠信正直蔚有賢譽其不謂之世家乎後嗣子孫努力奮發不自菲薄必欲追前人而及之亦足以為世家矣平居訓

勵諸子率本此意肅首躡世科甫冠多士公不以自喜至其德業有進與當有可紀則為加飯故士大夫言家法者必袁氏為稱首云某之與肅同年進士也視公實丈人行而於其德學則願師焉嘉定中再同朝不鄙其愚以為可教故於嘉言善行多所親覿歲在甲戌持節去朝辱公訪别於南山佛舍語及國事至於流涕公之盛心昭揭天日至今猶赫赫也公之葬慈湖楊公實為之銘於公大節摹寫盡矣顧其纖微委折有未備者維公粹學偉行為時儒宗忠言至計有補宗社而爵命品秩又已應易命之典肅等將有請焉謂某盍為之狀慨念

疇昔誼不得辭雖筆研蕪廢猥釀自慚然弗溢美不失
實尚庶幾公平昔之志謹狀

絜齋袁先生傳

王應麟

袁先生燮字和叔鄞人少以名節自期入太學見陸先生九齡德容睟盎親炙之同里沈楊舒三公皆聚於學朝夕以道義切磨第進士為太學正時朱文公諸名儒已去先生知不為時所容尋以學黨更歷外服入朝至太常丞兼考功郎知江州提舉江西常平以都官郎召遷司封又遷國子司業祭酒延見諸生迪以切己之學常病世學者襲先儒緒言未能自得於心不足以為學吾心即道不假外求忠信篤實是為道本聞者竦然自得以秘書監兼崇政殿說書遷禮部侍郎侍講猶兼祭

酒講詩二南於先王正始之本自身而家自家而天下者深寓規儆之意列國變風有關君德治道者亦託其義以諷立朝守正不阿時好議者指為好名遂奉祠以歸著述弗倦或勸宜少休曰吾以此為笙鏞管磬不知其勞也終於顯謨閣學士謚曰正獻先生嘗曰此心存則雖賤而可貴不存則雖貴而可賤大哉心乎與天地一本精思以得之兢業以守之則與天地相似每謂為學當以聖賢自期仕宦當以將相自任其所講明體用兼綜於書禮記論說尤詳成就後學甚衆子甫進士第一為兵部尚書國子祭酒亦稱名儒

宋史列傳

袁燮字和叔慶元府鄞縣人生而端粹專靜乳媼置槃
水其前玩視終日夜臥常醒然少長讀東都黨錮傳慨
然以名節自期入太學登進士第調江陰尉浙西大饑
常平使羅點屬任賑恤燮命每保畫一圖田疇山水道
路悉載之而以居民分布其間凡名數治業悉書之合
保為都合都為鄉合鄉為縣征發爭訟追胥披圖可立
決以此為荒政首除沿海制屬連丁家艱甯宗即位以
太學正召時朱熹諸儒相次去國丞相趙汝愚罷燮亦
以論去自是黨禁興矣久之為浙東帥幕福建常平屬

沿海參議嘉定初召主宗正簿樞密院編修官權考功郎官太常丞知江州改提舉江西常平權知隆興召爲都官郎官遷司封因對言陛下即位之初委任賢相正士鱗集而竊威權者從旁睨之彭龜年逆知其必亂天下顯言其姦龜年以罪而去權臣遂根據幾危社稷陛下追思龜年蓋嘗臨朝太息曰斯人猶在必大用之固已深知龜年之忠矣今正人端士不乏願陛下常存此心急聞剴切崇奬朴直一龜年雖沒衆龜年繼進天下何憂不治臣昨勸陛下勤於好問而聖訓有曰問則明臣退與朝士言之莫不稱善而側聽十旬陛下之端拱

淵默猶昔也臣竊惑焉夫旣知如是而明則當知反是而闇明則輝光旁燭無所不通闇則是非得失懵然不辨矣遷國子司業秘書少監進祭酒秘書監延見諸生必迪以反躬切己忠信篤實是為道本聞者悚然有得士氣益振兼崇政殿說書除禮部侍郎兼侍讀時史彌遠主和燮爭益力臺論劾燮罷之以寶文閣待制提舉鴻慶宮起知溫州進直學士奉祠以卒燮初入太學陸九齡為學錄同里沈煥楊簡舒璘亦皆在學以道義相切磨後見九齡之弟九淵發明本心之指乃師事焉每言人心與天地一本精思以得之兢業以守之則與天

地相似學者稱之曰絜齋先生後謚正獻子甫自有傳

舒文靖公類稿

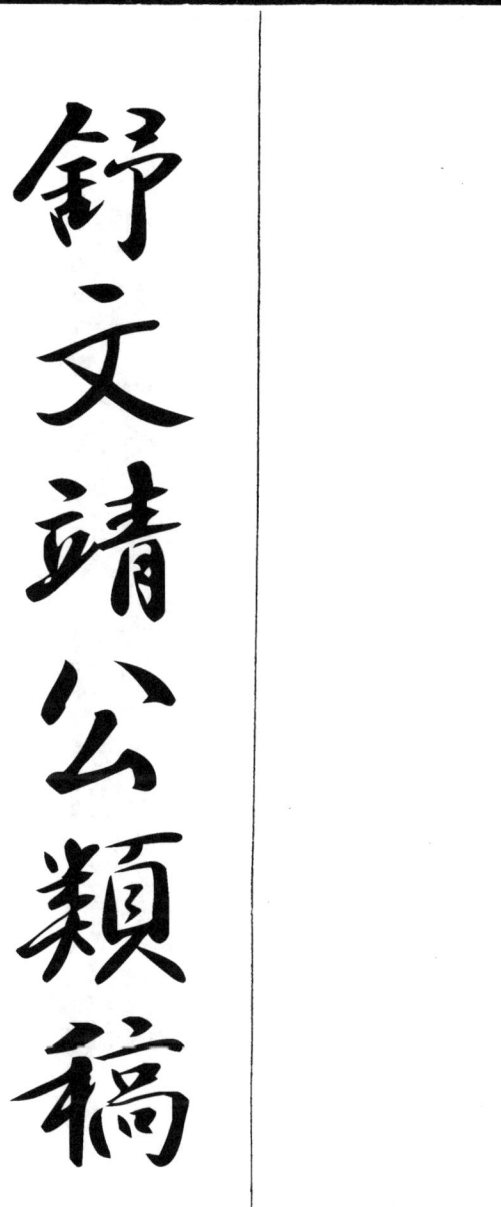

四明張氏約園開雕

序

壽鏞嘗讀戴剡源文云家西十里外茅洋小山中土塚纍然初不封樹鄉先生舒文靖公墓也爲詩弔之曰莫輕數尺黃泥壤埋卻斯人後更無嗚呼先生有立身之正學有修身之實行參承於南軒而仰證於象山遠則審訂於周程朱之見聞近則問辨於楊袁沈之交際陳本堂題先生書堂言之盡矣夫爲學難爲學而求其平實尤難平而奇實而虛則難之尤難者矣當宋乾淳之際文氣稍萎敝矣自先生振之以宏實而士氣爲之一

變公朝拜爵私門謝恩上則挾富貴以臨下下則冒廉恥以干上雖名卿大夫亦終不免於流俗先生大聲疾呼謂薦舉之法乃國家所以求賢非士大夫干祿之門而士氣爲之再變世之言儒者必擯吏習吏者必違儒融偏揉異以適於世用有幾人哉先生論常平論茶鹽論保長論義倉一一合於時宜不爲高談而天下後世咸取爲法每讀其書又未嘗不想見其人至若內美充實有孚盈缶卽之若虛叩之若無袁蒙齋所謂第見坦坦蕩蕩了無偏倚者自表而論固無異於常人也謝山

謂淳熙四先生惟先生年事最長亦惟先生最為平實平實二字既可概其一生平而奇實而虛尤足徵其神妙蓋其見道之眞得之疏席儆牀之中益之櫛風沐雨之下豈偶然哉生平著述散佚多矣黃梨洲始搜得廣平類稿殘編傳於世者止此宋史本傳稱其教授新安作詩禮講解家傳人習今亦不可見然即僅存者以觀精知力踐煦然陽春有本者如是是之謂乎君子疾沒世而名不稱焉死生夜旦夫復何喟若先生者誠不死矣墓云乎哉重刻類稿以愧夫與草木同腐者且懍懍

懼焉因書以爲序民國二十五年三月後學張壽鏞

四庫全書提要 集部 別集類

舒文靖集二卷 浙江汪啟淑家藏本

宋舒璘撰璘字元質一字元賓奉化人舉乾道八年進士初授徽州教授擢知平陽縣終宜州通判淳祐中追謚文靖事蹟具宋史儒林傳璘棲遲州縣終身未一挂朝籍故集中無章奏之文其經略遂不可考見本傳亦但稱其教授新安作詩禮講解家傳人習自是其學浸盛然觀集中與陳倉劄子論常平義倉茶鹽保長之法深切時弊皆其教授新安時所作則璘亦非短於經世

者也本傳稱璘釋褐之後兩除郡教授不就未著其所除者何郡今觀璘自作其父壙銘篇末有曰子璘迪功郎信州州學教授則是所稱兩郡之一而本傳失之者又本傳稱璘爲徽州學官司業汪逵首欲薦璘或謂舉員已足逵曰吾職當舉教官舍斯人將誰先卒剡薦之今集中有申謝傳漕及張守陳倉三人薦舉劄子又有謝李提舉書乃獨不及逵其與樓大防書云前張守所惠薦章蒙示回簡方知所自與王大卿書亦云荷禮書尤丈漕使傅丈倉使陳丈惠然相舉皆出提獎之賜亦

均不及遠與本傳亦復互異道學儒林兩傳爲修宋史者所最留意而參考斯集已舛漏如是是亦足證托克托等之疏謬矣

四庫全書簡明目錄

舒文靖集二卷

宋舒璘撰璘與楊簡袁燮沈煥俱稱金谿之高弟煥著作全佚璘所傳者亦僅此然已見其學術之梗概

謹案類稾四卷爲子孫所世守其二卷本之著錄於四庫者則未之見也伏讀欽定提要中稱與陳倉劉

子讀常平義倉茶鹽保長自作父壙銘謝傳漕張守陳倉三八薦舉劄子謝李提舉書與樓大防書與王大卿書諸篇目悉與類稾符合所引篇中語亦一一具在疑兩本大略相似特集與類稾命名不同二卷四卷編次互異耳今以未見閣本名卷悉仍明本之舊而恭録總目及簡明目録弁冕卷首以為我舒氏子孫榮耀焉至提要謂事蹟具儒林傳考先臣在宋史列傳第一百六十九與沈煥合傳楊簡袁燮亦竝在列傳蓋當時纂修官以儒林傳中陸九淵傳末有

門人楊簡袁燮舒璘沈煥能傳其學之語故遂誤記
之也同治十一年十月朔日知汝州直隸州候補知
府卓異加一級臣舒亨熙恭跋

鬲乃竝之葵集

紉園刊本

集刻廣平先生類稾序

道學之傳非一日矣堯傳舜舜傳禹禹傳湯湯傳文武周公文武周公傳之孔子孔子傳之孟軻軻之死不得其傳焉漢與唐焉賴有羣儒修補而幸其統之不墜耳自大宋名賢輩出立說著書文章崛起建有朱子晦庵潭有張子南軒婺有呂子東萊撫有陸子象山而道學復明於世稱極盛焉我祖文靖公生於是世不憚千里而負笈直挾風雨以往來親炙於四子之門以得其傳亦可知道學之淵源有自也祖諱璘字元質號廣平先

生謚文靖中乾道八年進士教授徽州築風雩亭啓迪諸生講明正學爲天下第一教官後宰平陽及爲宜州通守其所交游皆當世名公與答書啓劄子時勤砥礪以實學相規而未嘗懷利祿之心論常平荒政保長茶鹽開陳利弊以實政惠民而未嘗有虛假之辭至今可倣而行焉厥後家居建塾名廣平書院立一山長講義教子若孫如鉉及津滸滋泌棫莊者咸得道學之傳無何世遠言湮而我祖之類稾鮮有見者迨八世孫諱讓手錄編次得十二世外孫鄒孟坎與本邑蕭侯付諸梓

人僅文靖公之言行考也所遺類槀終湮沒而無聞玢也不肖既不能闡明家學又不能光顯前人三十游邑庠而集我祖之類槀者半耿耿於懷痛恨不克光前以裕後自是搜羅徧閱手錄遺槀一百十四篇與目録相對無一缺者乃今而知類槀之全也意將鐫諸木矣而惜乎匱乏之無資愧孰甚焉於是謀諸本族之子衿幸各慨然捐資議甫定始授諸梓人時則有與玢同主祠事者若廷元正功琦佳爵皆如命從事戮力以勷厥成焉而我祖道學之傳有日矣然則集刻類槀也紹前賢之

統緒起後學之景從由宋以至於今亦如堯舜禹湯文
武周公孔孟之相傳於不替云爾時雍正辛亥正月望
後十六世裔孫玢頓首百拜謹序

序

舒文靖公之學得於其婦翁童公持之故楊文靖公高弟也文靖未成進士又受業於張公南軒因偏求益於晦翁東萊而卒業於存齋四先生之中莫若文靖之淵源爲最博其行亦最尊其生平所著詩說禮說皆爲經學之宗廣平類稾則其文也寶慶志云嘉定初朝廷革文弊選前輩之文以範後學舒文靖公實冠編首世知文靖之理學而不知其文爲當時宗仰若此當文靖時巨公元失甚多乃以其文冠者蓋其心氣和平而議論

質實足以消詭誕之習俗嘗聞諸清容之言以爲淳熙以後多竊取國策莊周之詞事遽起而輟語未畢而更斷續鉤棘荒唐變幻淪胥而莫能以救斯其所以亟取於文靖之文也夫六百年以來遺稾脫落康熙中同里萬先生充宗求之其家得其奇零不完者四卷南雷寄之詩曰甬上舒公有舊文郵筒千里特相聞是也時南雷方輯宋儒學案爲撮其論道之精者以及常平義倉鹽法茶法保長學政諸科可以見之施行者其輯宋文鈔亦錄其尤予乃更釐定之是雖不足以盡文靖之文

然而其得存者亦幸矣昔我有先正其言明且淸雖殘編要可寳也行狀稱文靖於舉主無稱門生者今觀其謝薦諸啟皆引古誼以相規大儒風節不肯少屈如此是豈可以區區文字目之哉四先生之後裔舒氏爲盛明嘉靖中建正學於府城者舒氏之後人也近已頹矣予方謀重爲補葺而舒氏之後人復新之予喜其不忘先生之學統也乃勸以是稾付之梓人而序其首

右序從鮚埼亭集外編錄出亭熙今刻所據者爲國朝雍正間先文靖公十六世孫玢刻本玢與全氏同

時刻其本即出全氏所定然玢實據明成化間公八世孫讓刻本重刊非全氏本疑全氏所云奇零不完更釐定之者別是一本而固未刊刻也序謂梨洲撮稾中常平義倉鹽法茶法保長學政諸科入學案今學案具在梨洲但於學案後跋語謂皆鑿鑿可見行事而已何嘗采及諸科一字耶序又引行狀云云公之行狀不知撰自何人世無傳本恐全氏亦不得見之所引狀語則在寶慶志中至其援袁文清語以證明寶慶志所云嘉定革文弊選公文冠程文編首之

故則顛撲不破之篤論也故亟錄其序而附訂其誤如此亨熙謹識

舒文靖公類稾目錄

卷之一

書

約園刊本

卷之四

通黃倅啟

答梁縣尉啟

答趙倅啟

答黟縣簿啟

答黟縣宰啟

答祁門于尉啟

答祁門趙單啟

約園刊本

舒文靖公類稾卷之一

書

答朱晦翁書

季春謹序恭惟尊候起居萬福某雖愚蒙不肖慕望先覺有年矣去冬摳衣晉謁始獲挹道德之容降旣見之心執事與進循誘色溫而氣和情親而禮厚飲食教裁不啻父兄之詔告夫子弟也顧某何以當之然虛心之教迫切之誨佩服不敢忘德所恨不得朝夕侍側以承博約爲不滿耳師友道缺絕久矣比年哲人凋喪言之

惻然悽愴念今所賴任重斯文者咸以執事爲首稱大
柢屬之重則愛之厚愛之厚則望之全負後學旣全之
望凡施爲措置當以聖賢事業自期待固不可以毫釐
之差爲世所惜惟執事以剛大純全之氣恢博貫通之
覺涵養成就又非一日之積綏斯來動斯和此愚智賢
不肖所共敬仰固不可少有如愚慮所及者然兢兢業
業惟堯舜不敢自已望執事益進此道以無負四海祈
向實鄙夫惓惓之心也某蒙見遇良厚不敢以流俗諛
佞禮事大君子敢用副紙陳情乞恕幸察僭越不勝懇

竦之至

答葉養源書

妻家子弟得賢師指授未審日來進學如何家庭鄰里蕩其耳目者不少所藉以浸灌者特指授間示之言行閑之規矩俾觀感於精神之妙在門下必有心法某日與諸公相聚始知成物之道咸在吾己我念無虧精神必契一或有欠無限格言總成虛話端知為己之學誠不宜一毫有虧損也

再答葉養源書

持敬之說汝素所不取我心不安強自體認強自束縛如箍籠桶如藤束薪一旦斷決散漫不可收拾理所宜然夫子教人何嘗如是其曰入則孝出則弟言忠信行篤敬與夫出門如見賓使民如承祭如此等處在孩提便可致力從事無斁則此心不放此理自明聖賢事業豈在他處耶

與呂寺丞子約書

某衰老藏拙數載不通問慕向之懷不如是怠也叔晦沒後曾得書憂懷萬狀不能寫去冬又辱賜書負負不

容貸矣子約贊貳御府劇喜正人進用但自去秋岌岌之後所賴羣賢協贊而晦翁子壽德修相繼去國令人短氣未知見集賢得展盡底蘊盡扶持之力否某涖職再期麤成學舍學力短淺士習痼然其間知為己學者僅得六七輩日懼辜負此邦某衰老無他進只得外境浮輕心無他撓得一意養拙其得力處則藉與朋友講明所見此外無新獲矣敬仲和叔常相會彼此有警發否

再與呂子約書

去歲交訊後未克嗣音邇日驚聞玦賜之命隱憂百集初不知所自昨日有自中都來者得兄所上書忠愛深長意切辭婉非他人憤激者比側目者敢下石如此學力堅明妥處逆順矧受此芬香之責履跋畏途不過遊山玩水當超然無累而嫠不卹緯之憂吾儕將何以自處耶聞帶赤城一虞兵甚得力又聞一子弟隨行不知爲誰恐眷集憂憶須多多寬譬毋露一毫係累以增其千里之思每與兒輩言吾輩此身不過天地間數十年之物而昭然理義蓋千古不磨耳平時要著明處斷不

可以數十年之物而失其所謂不磨者但欲酌義理之中處之妥然耳此行甚善甚當更冀緝熙學力不磨不淄以主盟斯道若祖宗有靈宗社無疆惟休則否泰循環吾道亦未窮也

答楊國博敬仲書

壽皇崩棄憂戚之懷正如來喻公庭不能盡哀退與諸生坐哭明倫堂下當是時事方岌岌後雖少定然傳聞猶伴奐吾友入中朝與諸公數人否集賢果相敬信得展盡底蘊否某學中諸生自得羅子有鄧夢眞汪行簡

戴泳皆有啟發可進但頹風未易返敬仲為國子師如何端居靜念有治己之道無治人之法我若無虧隨處皆應一或自蔽萬語悉空某日來灼見此弊不敢不勉更望見教象山行狀洞見表裏其間載有子伊川事甚當然鄙意謂此等處未易輕以告人人情蔽欺道心不著不知者徒生矛盾既知之彼自能辨良心既明往往不告而知用是益知自反不敢尤人敬仲以為何如

與袁學正和叔書

學宮之除振起滯淹況得敬仲為之僚此不易得更冀

剗心勉力時事得之傳聞令人耿耿晦翁子壽德修諸
賢去國令人短氣未知儕輩能公爾忘家協心謀國否
也某在學校不敢不勉然力量有限負媿爲多某人去
國見彈章與所聞皆合不知此老何爲至此隨物變遷
學問不見實地吾儕政自可畏相與勉進以堅己道爲
幸中都磨涅之地鮮不磷緇若敬仲似可砥柱願相與
講明之

答河西尉書

某伏拜誨劄特有飲食之寵禮合承命但同官中非紅

詔無以爲歡某祗奉簡書不敢速戾閒蒙諸丈徹樂見招黽勉從命然老拙頹乎其間大阻嘉興每不遑安兹荷眷知敢以疾辭當不以爲罪也修謝惶恐伏祈加焰

答袁恭安書

辱惠書知進學不苟修己作文初非二事本原旣明是處流出以是裕身則寡過以是讀書則蓄德以是齊家則和以是處事則當筆端因是而加之文耳我心無累此道甚明閒伯仲根氣皆好過庭更加勉來書謂舉業不敢鹵莽然妨日力者多此非所敢聞吾友筆下若五

行相遇取科第有餘以鄙見所欠不在此只大本未明故筆下所謂文章反見脈理不貫爾

答沈季父書

某宰邑踰年尚未曠敗不足軫記來書謂中年勞費酬酢深荷憂念事緒雖叢蒙雜而著幸不至以老窮重藉平時師友開警之賜所示太極說謂易之極即心之極甚善人皆有此極而不自明無他私念障之也某致力於兹三十年矣日用甚覺得力古人謂無偏黨無反側則極自會有忿懥好樂憂患恐懼則心不正斯言端不

吾欺未審如何幸見教

通都漕書

某竊惟三歲大比雖以文取士要得實才六經旨趣深長茍平時學有根原發之文辭自不可掩近主文往往欲務新奇故命題多斷章取義不惟有失經旨使士子投合有司巧於穿鑿故辭達之文少而巧說之語多習以成風爭奇取勝所得之士往往多輕浮躁露殊乏器識甚失明經取士之意有如此先生經學源流士子矜式今茲提衡一道若明以公文關牒考官凡所出義題

務要明經旨勿爲斷章使學者得吐所藴庶典實之士得預計偕上以副國家選賢之意未識先生以爲何如

答孫子方書

來書謂與世不偶雖逢知己亦齟齬不合此不在他人更須自反使在我日用嚴密人當自信若彼此立見非無我之道更試與令舅講之晦翁當世人傑地步非吾儕所及其有不合者姑置之向在新安未嘗與諸友及此後有發明者能自知之後生未聞道吾儕之論一出便生輕薄心未能成人反以誤人此言不少更冀思之

上淮東總領韓郎中書

嘗謂天下之事初無難易之辨處得其要則大而難者猶將轉而爲易況於小而易處者乎夫大而難者人必精心竭慮思有以處之故皆不勞而辨至於小而易處人心必忽而不經意以易處之則難將至矣今日京口之潮閘是也夫京口一閘川陝荆湖江淮之都會漕運赴行闕者之所必趨也軸轤相銜歲不下數千百萬貫斛卒皆涉重湖冒大江備嘗乎險阻艱難幸免乎破碎淪溺而得至於此者莫不以手加額舉欣欣而相慶曰

是行也已見涯涘吾屬無慮矣不謂有司處失其要不量利害重輕以第其出入閘柵一啟內外爭濟強陵弱衆暴寡而使舟中之人互為敵國也夫目俟一潮如飢待哺幸而可濟莫不手舞足躍埶篙拽㩜以覬其必入夫何交相持終一朝而獲濟者不過五六又皆不急之舟江潮一退皆閣乎灘塗之上因之而攲側破損者日不下三四貫朽之錢尚可復校米粟一破壞不可食矣其利害輕重豈不較然明白也哉又況歲當大札漕運之粟源源未艾其數倍蓰於他年今重綱鱗比待乎外

者不啻百數以前日一潮所入如是其少則雖數更朔望不能使之盡入也此事之甚小若不足關執事之聽然錢穀之問正使臺之所司詎可以恝然不經心哉恭惟某官負超卓之奇才蘊經綸之素志軍儲大計暫使提總聖天子姑以試蕭相國劉中書之規模措畫也某不量愚陋以小人之腹度君子之心則今日之事在使臺可以責之有司以次第先後給之木牌重綱先入餘舟次之欲出之舟又次之越次者重刑以繩之苟如是而處之則一日二日出者入者皆可濟矣豈不若難而

甚易也哉孟子曰事在易而求之難此之謂也某嘗謂布衣之士身居窮約一登王公貴人之門則必爲閽人所辭以故非公事未嘗一至公門茲因侍親部綱在所坐困於此者浹辰矣是敢飾愚陋陳利害修短書爲贄見之恭惟閤下垂仁而採擇焉

與汪子卿書

竊謂學有職所以分典庠序之教非行誼素著爲鄉里所尊者不足爲士子矜式執事德望之重爲人老成正此邦之典型也學正久闕輒不自揆欲以此職屈致長

者未敢率爾有請嘗逸德粹致尊敬意得報乃知教誨不倦私淑鄉人未可其請某竊謂古之君子窮則獨善其身達則兼善天下雖未能兼善與其教行於邑人孰若擴之於一郡想閣下亦未始恝然也倘蒙軫念不賜鄙夷豈惟諸生之幸某實受警提之賜豈勝顒望

通趙守書

某不才試吏之初躐等處江右漕幕隨行逐隊無補公家旣罷不敢旁緣爲僥倖圖遂分教於此始至士子循習傲陋餔餟之餘渙然而散不惟學不知講而廉恥亦

喪某私竊自念平生荷師友之訓與人為善之心不於
是而少效則為有負故不量拙鈍妄任是責然積弊之
久不敢驟更勉焉孳孳聽其自勸今既踰年矣雖幸氣
習麤回然學力淺薄終未能擴然大變心甚媿焉兼新
安學糧單乏日給四十輩而歲終復以匱告不足招徠
多士賢師帥下車闡教合郡傾心儻蒙特賜主盟俾不
腆郡文學獲侍教令以廣士心實所願望

答劉宰書

某近者夤緣際會獲見君子傾蓋之間溫辭粹容深聳

觀聽由外以探中仰知閣下趨操之醇涵養之厚故雖悤悤會晤別後心不能忘還舍未及奉狀乃拜先施之寵辭旨眞切皆培根固本之論誠非易壞而難立正如來喻蓋事以百君子輯理之後一不幸而值一小人則一掃而廢幸而復得賢者紹之雖典型尚可究而綱紀條畫則已紊亂非積年不能復況君子少而小人多將何以慰民心而固國本耶此某所目擊而隱憂者敢因諄誨而及之琴堂善政使長甚相知財賦之事偶因罷吏有辭上司不得不會問豈敢加征斂以作俑哉讀來文

已究底蘊見過僉廳早晚具稟下行矣得一賢令尹方
且爲一邑慶又安敢生事其間耶顒望懋德日新保護
元氣以今日臨民父母之心爲異時膏澤天下之地某
不勝至願悃悃具報不謹

與江司法書

某樸鈍學不加進獲值賢者教誨大慊所圖恨同官日
淺未克盡究所懷中庸一編尤爲開警然區區短見竊
謂分析義理太繁故日者嘗以明道先生所解爲請是
書義理精粹辭旨深長近時諸長上以爲呂與叔節本

恐未必然取二書讀之大略可觀近在行都與二三益友論及此亦皆曰然以兄沈粹力學更熟加研究如何有辨論毋惜開諭舊編謹用歸納會司戶吳兄乞導意前嘗奉狀茲乍還鄉少冗未必再布此友趨嚮甚佳更乞相與切磋得其好逐外毋守氣反觀內省以光厥德乃友朋相愛之道相望千里無由合并願言懋迪遠猷不宜

答徐子宜書

春間一得奉書後得家兄報知已呈徹且知兄長假道

辱溫盼至感至愧近聞被旨入覲未及走賀反專介辱
賜書且拜嘉貺祇荷不遺且得詳聞動靜爲慰暑氣方
隆伏惟四牡勞還榮侍有相台候萬福某藏拙郊居麤
遣但老境讀書苦眼澀遂成習懶耳前日見邑官謂兄
已除郎但未知所主何曹茲詢來使知十三方解纜度
傳聞不如是之速豈預須除目耶諸公愛賢不令居外
此意甚善唯是吾人平生所志期不負所學中都臭味
頗薰炙人造道如子宜誠知有不可汨者要須惟日孳
孳簡易明白以滌蕩利祿境庶此志獲伸子宜以爲何

如某缺期在今冬已得代者書約十月交承年來揣己相時擬爲櫟社之木負宗黨門戶之責又不免出而應之惟子宜教裁是望和叔已畢大事叔晦家庭日來少定但嫂叔終不能偕處侍養爾敬叔已赴樂平任某未得書近得其子姪報到官御甚康強絕勝居家時人旋布謝願言進德勉承王事爲邦家光

再答徐子宜書

邇者辱教及所賜紙筆之貺嘗具書報謝計已呈徹村居不聞邸報傳聞已拜起部之除正人在朝敢以爲賀

某衰拙安分足樂餘生但杞國之念未忘若得善類同
升國家緩急有賴誠所願望耶省中如應仲實王順伯
陳君舉某知其爲賢度諸公必自盡洽平時會合亦能
講宗社長計爲國遠圖否某索居所知士大夫絕少子
宜遊宦之久當知四方賢士願以氣類相從以奠邦基
朋友中最好呂子約如彭子壽章茂獻黃商伯亦聞其
賢未知子宜所得者爲誰有可告語幸詳諭某少涴春
間得交代書約十月初交割且欲在未差試官前遣迓
者之便

答袁恭安書

恭安氣象精神有致遠器幼年篤志求師超出流輩數十等不勝佳歎惜居厚多病使其強健儘不倦誨人到此亦只兩得款接令似且在家間諸碩作輟正藉警提凡事一切不須慮學校以某乍至整頓未成士子放心日久不容一旦收拾兼此間養士無資日僅給四十餘人過此而後則置其間老臞貧窶占食日久不敢遽汰後生輩止數十人今不敢作郡庠規模只如家塾日與之處導其良心俾知與聖賢不異就日用間簡易明白

處與之講究規模雖整未嘗加察亦不敢起一毫忿疾心勉焉孳孳不敢責效覺諸公亦無齟齬恐在我學力不充耳若漸有次第卻挈家間子弟偕令子同過學中也詳細令子能言之

答徐寺簿書

某分教兩期淺學謏聞大率不能易士風雖終日矻矻不足爲門下道自秋伏拜教墨且拜藥餌之貺感戢徒深倘稽報謝且悚且慚壽皇棄羣臣方摧割間民言無嘉日負歲歲今幸朝事一新纔可安迹得來教方知春

夏之交嘗排雲叫閽雖未見得讜論觀平生志氣則義
氣激烈可知某肝膽已荷洞炤勿作世俗相疑俾獲見
稿庶激懦衷薦剡素荷吹噓今見教云云尤知保護之
深安分久矣決不致有累明訓然紙後一說殊未曉平
生荷師友箴警至頑不入處雖叱罵且忻受每侍教左
右到盡言處方得就實豈應尚有此肝膈耶明以教我
幸甚幸甚新使君已於中澣交印二公平昔見所熟知
不敢復陳新倅亦天族今日入關新安今歲頗稔王會
稽方得故人爲師又有攢陵之役凡百更望傾助遣价

歸里乘便布狀

答葦仲志書

某曩者未見君子是心嚮慕數年矣去歲寫心既見眞若渴之飲飢之食惜門下事嚴侍教甚淺雖別後拳拳然千里對語與昔日想儀容於髣髴間有矣拙鈍尚稽奉狀劉縣丞至忽拜先施良深感愧不謂大事未畢遽有閨門之戚讀來教益用愴然伉儷情厚想未易寬處人生浮脆修短難料莊氏鼓盆雖曰遊方之外然悲結相纏之境亦可惜是以自遣未審台意如何歸祔有

期想易傷觸見諭苦頭眩脾疾憂懷自應易感藥力作效甚普更在多多調燮也某官閑無事不能奉尺紙而柱楣翦屏之下乃貽盈幅之書事出倒置慚負何言奉謝萬一言不盡情

再答葦仲志書

某少稟學後小坡溪流映帶羣山繚繞平林曠野景物萬狀欲置亭其上爲諸生游息地召匠計之直百緡郡已給瓦而學糧單乏不能辦近蒙台慈面許成就某與諸生不勝喜幸今輒易拜懇倘蒙終惠多寡一聽裁酌

不敢必也干冒悚慄顒俟俞旨

與紹興汪教克剛書

拜違以來嘗一貢問幅浸浸許久不果嗣敬惟極崇仰日者壽皇上賓又聞時事岌岌憂懷萬狀食息靡寧皇上嗣有令緒聖德既著時政又新誠宗社無疆之福也仁里歲事大稔賑貸之餘得此良足慰懷守貳皆以前日領驅下車之初政亦不撓國事既定民樂有秋冷官遂可安其職第學力譾薄不足興起士心日負空餐爲愧會稽學廣而儲豐士子蝟集又得賢者主盟必有傑

然特起之士作成之方有可教告者否至會稽想時得相聚否攢陵之役奔走未定可念也

再招汪教克剛書

分教仁里尸祿二載不能興起士志思得鄉之善士以爲學校領袖庶幾言動有法相觀而善以潛回風俗於禮義之域訪之儕輩皆推重閣下故不量疏陋而有請焉閣下惠然肯來遂得一見敬布腹心已荷領畧意謂此誠已孚不遑他慮既數日始覺公文未達於禮有缺亟布短劄遣前儆皁回乃謂旆從他適不獲上徹昨日

再遣以進回教諄諄乃知杲以稽緩得罪反躬自訟其
又奚辭然足下以私淑爲解非所敢聞古之人與人爲
善惟恐不廣教育英才思及天下矧鄉之子弟其忍使
之佻達而不動心乎某注心門下甚切倘貰其過而辱
從焉豈惟某之幸實一邦之幸也公文再納敢望即賜
命駕當率諸生而敬迓焉伏乞賜念

與樓大防書

比辱還教以慰以感初冬苦雨伏惟禁闈雍容密邇清
光台候燊侍萬福某分教行及兩期尚逭曠敗近聞進

躋夕拜專直北門職近地親既倩且要朝夕啟沃當無出諸公右人患無學學成患無地以進今大防兩得之必大愜所圖然中都事以所傳聞似猶仵奐況十月震電甚異惟先格主正厥事論思獻納間尤責深切大防國而忘家凡可以爲宗社久長計者更望竭誠盡瘁以圖厥終茲不敢以賀詞進前張守所惠薦書蒙示回簡方知所自艮荷吹嘘但日來請託冒進幾於乞墦私切羞愧故甘心選調絕意不敢告人不謂朋舊惓惓不我釋感幸感幸少悃六七舍姪自渠楊遠歸今復省親爲

貧遠涉萬里極深懷念渠取道都下度必詣今有家書一角乞分付與之或未至乞留下以俟其來或已往郤望發回萬望賜念彭子復竟下世令人傷恨今漸東倉使不知爲誰鄉里歲事狼狽之甚乞白廟堂擇人以惠一方幸甚

再與樓大防書

某尸素如昨壽皇棄天下養時事岌岌憂懷萬狀食且靡甘時有草茅見每欲奉狀又度蠢愚不足爲論思欲下筆而復休新君嗣服天顏威重與曩大異時聞一二

聖語深慰天下望心甚異之度必有所自近有自中都來者云慈福壽成日以往事相戒天意感動爲泣下雖未知所傳是否然已不覺掀舞爲宗社慶每念人之良心本自明白特患無所感發一朝省悟即心志所向莫非至善雖聖性所稟與常人殊至理義同然初無少間然後知前所傳聞果有所自此正太甲悔過成王求助之時因其初心之著相與扶持開掖若決始達之泉若護始萌之木毋阻厥善俾克有終在二三大臣協心輔導左右侍從誠意論思使日聞正言見正道犂然有當

罔逆於心則正士不期親而自親邪佞不期遠而自遠乃為長久計吾大防學問之懿又相與日久自度臭味之同而日來諸公又歸心門下學可用而地可言此他人願欲而不得今幸身得之大防其任是責毋遜

答樓大防書

中都事時得之傳聞草茅之慮自不能釋然耳比見繳頭冠法服劄子令人增氣前古敗政未見有及此某老矣外境關心絕少時見諸公舉措至有昏昏悶悶時自讀前所論著心目俱開益見大防志操爵祿甚輕名義

爲重前此居是職者不知其幾而批敕回天卒無出李張右者顧大防盡瘁致身爲宗社計毋令張李專美有唐也

與汪明叟書

分教仁里二年於茲敬聞賢德未遂覿見企詠若何茲有少稟學中欲屈汪正叔爲學正凡二遣价乃以從遊宿約爲辭某學中亦有齋舍不妨受業又言門下已闢館蕭寺重於爽約固難之學中日來規矩亦釐整間亦有可共學者第學正久缺欲得正叔來爲領袖庶幾後

生輩得所矜式未識從遊賢子弟並可偕來否或門下以爲可御望推挽其來俾邦人均得所願甚大惠也敬布此劄溷伯矩令叔轉懇專候俞音當蒙垂念未相見間遽有此請幷惟加亮

請汪解元書

某竊惟學之不講士失趨向知道者鮮國有學郡有庠邑有序正所以講明斯道使人心不昧以復其初顧某不才豈宜濫居此職然自壯歲遊學蒙師友啟發麤知爲學蹊徑冒昧此來亦冀交會之間朝夕切偲以無負

講明之意涖職二年矣而學力不充竟不能興起士心每切自愧思得鄉之賢士相與扶持迄未之遂訪之善類誠以足下爲稱首審聞業履端方進修不懈推重里閭悚然增敬恨遭逢之晚學錄久缺輒欲以此職屈致比嘗浼德粹轉致下悃得報知足下有不鄙意而未可其請某竊謂士君子之爲學非徒以獨善其身名德如許顧乃斂然自嗇雖足見謙德然古人與人爲善之意恐不若是恕高明留聽惠然賜臨豈非一邦之幸某實與有聞焉伏惟加念幸甚

與滕德粹書

往者伏拜書誨先施之辱閱時既久始克修報負罪不敏迄今悚愓諒融明當未賜督過之耳後不果嗣音杳不聞起居惟有引領玆有少浼某典教踰年學力淺薄不能興起後進日懼有負初心每思鄉曲一二長上素服士心者為之領袖庶幾上下交孚士子有所矜式而迄未遂所圖學中舊有學正一員學錄二員今皆缺其一虛此以俟之久矣竊聞上邑子清名庭佑清卿二汪丈德望著聞邑人歸重又聞子清丈年高行尊糾職縣庠

規矩嚴肅後進欽承而淸卿問學有源見諸日用今欲以此二職屈二丈不惟邦人得所則傚而某實賴切磋耳某與二丈未接辭色禮難遽進欲借重鼎言且道某尊敬意力勉一行若蒙賜可望卽賜一報某當耑价奉書走請且假輿馬於邑官矣學之不講士失趨向幸有先進爲之依歸擴一鄉之教以惠一方想二丈必所樂爲此有朱兒還里亦常託道區區矣萬望賜念得遂所請幸甚幸甚

答積溪王宰栩書

伏自去歲一獲修牘繼是雖聞動靜竟不克嗣書茲拜
教墨復出先施感慰之餘深負不敏茲蒙下喻遺令子
共學聞命愧甚自顧平時朴拙不能文所恃以用力只
中心之所見日與諸公論文能授之以意而不能達之
以文至為己之學又以膚淺不能興起其心矻矻窮年
無益進取方茲愧負而閤下乃欲託之以子故不知所
報竊料過庭之訓有物有常自有不言之教若謂公事
鮮暇不得講究則某敢不盡愚若作文欲求釐定甚非
所長卻恐有負責望惟台意裁之區區誠悃伏惟亮察

與汪清卿書

幼不知學及壯遊太學藉師友發明始知良心之粹昭若日月無怠惰鹵莽之念則聖賢可策而到雖進修有懈寡過未能而大本之立蓋庶幾焉朅來此邦謬當分教退惟曩者淪胥之患實賴師友拯溺以返其初故亦欲以其所同然者淑諸人學力單微罔孚眾聽思欲得淵源之友相與共明此道以興起士心訪之儕輩居敬修己勉焉不怠誠後進所矜式故不量淺陋妄意屈臨以庶幾切偲之益

與黃子耕書

慰唁之誠略伸右楮惟是去歲重蒙賜教老懶因循竟阻修報罪不敢文惟希恕亮即辰暑氣蘊隆不審台用何似見令姪言曩重調護雖已康復尚未及盛壯時極深懷仰府判令兄謹厚淳實某方幸事賢三日不見忽聞疾亟連日展候與羣醫環視無策奄成大故不勝悲泣幸羣僚協力聽役張使君相賙後事不至有悔令姪言兄平時友愛隆篤訃音未敢遽徹想達聽之後哀摧未易抑遏柰何柰何初擬台旆趨朝此來因得侍教八

事乖刺會合重難益深愴恨二令姪言及家務每覺酸
心窮達外境無累厥心使哭死事生兩盡其道正賴賢
季父爲之開釋耳重華晏駕臣子崩摧矧人事時乖牾
動輒關心痛哭之餘詎勝憂畏伏想憂國同之某未遑
他事惟祝少自寬抑倍加保護爲遠業珍重

與徐子宜書

分教行兩期學力不洪課效甚淺無足爲朋友道壽皇
新棄羣臣率土崩心某赴臨之餘與諸生東嚮號慟不
勝摧割曩時岌岌之勢朝夕跼蹐靡寧時有草茅見亦

欲上白又恐傳聞不審徒取書生誚故不克奉狀新君
嗣服傳聞天顔威重與曩大異又時聞一二聖語大慰
人心又傳聞慈福壽成朝夕儆戒上爲感泣豈自此一
轉翻然進德耶此意正要扶持不失朝夕納誨以陳戒
於德者今屬誰人心易明亦易惰乘此機而開導庶終
厥德子宜位浸顯且在彌綸地能以此意白諸當路俾
審擇左右相與扶掖開導俾之日聞正言見正事心志
所向時勿有間視親賢遠姦爲當然誠宗社無疆之福
也象先告哀得之道路云邊中有變尙屈境上果然否

聞山陵地未定又聞大安宮只就南内又聞新君猶未
得躬問寢禮中外事體歸一似亦容易調護不審尙遲
疑何故某冷官如坐井憂國之念徒若懸旌凡利害大
節目有可與聞者願詳以告某近又得張使君剡章已
託大防投下來者紛然忽以畀老拙不知所自豈諸友
過爲之譽哉羅氏子進學不怠向所得全是釋氏日來
轉得極甚端的雙眸炯炯讀禮有趣老師藉助不少士
子多願其學第規模素隘糧食單乏校官不能展手時
作念不無望舊使君也一笑國事既定學後溪山足可

自娛不足爲故舊念不宣

與某書

某去歲之官亦欲便道求見山野之人恐與中國不相諳恐相見未必囁嚅而先且不免伺候遂次且中輟乃不謂見訝如此省閫樞機之地鄉見南軒先生言文書極叢委以鄙見凡事合天下之心者則贊行之否則力加沮遏毋爲民病可也來書謂上下可念者多此事某未易言自外而觀今民病極矣到歙覺其民貧益甚土旣瘠而供公上者大半酒稅之禁無毫髮漏民幾無生

理況今歲淫潦麥無半收蠶又不登水潦洊至所望秋成未知善後計冷官雖無預觸目傷懷自不能已聞水災甚廣中朝曾將利害事拈出否學舍事漸有次第恐空疏無以副諸公之求耳到此幸遇居厚兄博洽考究強毅通練懇惻愛民惜上下不契有志莫伸時對坐歎息爾

答徐子宜書

冬初辱報書竟未及再肤時聞中都事不勝杞國野人之憂未知日來如何諸公合并何以爲策聞皆有去志

食祿任事之久正所倚賴若曰不得其職潔己以退緩急將誰任且望思前諭後國而忘家萬木扶持大厦自固但恐拔去枝撐不容著力耳會同志望以已見商榷之君舉大防象先不及別狀

通陳郎中英仲書

某恭審寵膺宸命分職天官郎欲修狀敘道區區因循至今深負不敏爲媿某竊惟當今事勢官爵之崇卑皆不足爲吾黨賀而國本之安危則深有可慮者自治道淳熙長養成就善類爲多往者抑而不伸莫不扼腕今

則集賢總百官趙子直也晦翁侍講席君子推重於一時者雖未盡集亦次第位乎朝矣宜設施光明大慰人望而傳聞時政尚猶伴奐豈諸公謀慮之深不事形迹欲圖之以漸耶某嘗思之事不可以驟致然今日諸賢大概回護之功多而誠實之意少上焉者談論不切事情下焉者又只相安於無事故雖咸有憂國之心而未有善後之計竊恐日復一日機不再來又成虛度此則深可憂也門下忠誠篤實遇事咸有端緒必能為國家遠圖凡可以贊襄願竭所蘊以光吾道不勝幸望山陵事尚

未聞定議臣子痛心不知邇日所向如何郡邑告饑廟堂何以爲策兹事尤可慮也便中伸敘不究欲言

與李倉使唐卿書

某冷官不當出位有稟然事關民瘼可以上裨諏諮者不敢自默敢冒言之新安前歲告歉民不聊生荷上司軫卹四五等下戶苗米自體放之外不能應時輸納者初與停閣繼蒙獨放惟是義倉一項專屬使司前政陳右史行郡歛令裔奉議究心荒政賑濟之餘念四五等戶坐受飢寒惠所不及具數以稟乞權行停閣某於右

史有同舍之契亦嘗贊言遂獲從所請當時令就豐熟年分起催新安去歲雖免饑荒而餓羸之餘民病未瘳有司以未經蠲放不敢不催所得甚微所擾甚衆兼新陳並索民亦未能應命徒增煩擾耳今縣有公文申臬倘蒙念此一方特與免催甚大惠也喬宰極能官職事體恤下民作縣有條理幼安惠民曾聞亦嘗進拜想不逃藻鑑也

謝李提舉書

某伏拜公牒特賜剡章褒借過實寵辱若驚某老矣藏

拙校官冀得友朋相與切磋以無負平生師友之願耳不謂眷愛有加過意吹噓顧何以辱佩服德義銘刻不忘某不才特蒙異遇世俗修謝之禮宜在所有然自顧疏拙駢儷之文既非所長而習熟諛語又非意誠之道況門下篤實之德久矣交孚用不復以進非敢為慢也

與豐郎中書

竊惟當今時勢深有可憂士大夫調停之功多而正大之議少和同之風熾而篤實之意虧雖咸有憂國之心卒未有善後之計門下忠誠體國不撓眾枉今茲復歸

朝行銓次之暇必能爲國遠圖凡可贊襄當不俟某有請也山陵未有定議臣子痛心未知日來所向如何郡邑告饑廟堂何以爲策兹事尤可慮冷官不忘杞國之憂敢輒布之毫楮不究欲言伏乞台亮

再與豐郎中書

某自聞長者歸朝嘗修竿牘之敬未幾忽傳台旆去國殊駭聽聞及見邸吏報乃知被不根之謗世道嶮巇評論失實大令人不平可耳目者如是夫賢者處之固不以是爲重輕然正人不容於朝而詭隨偷合者至蟠固

不可拔國家將何賴焉可歎可歎晦翁之出益令人咨嗟某老矣觸目輒動歸與之興顧家貧未能只抱隱憂耳近聞已遂辭請且知徜徉苕霅山川之勝雖足以自娛忠誠體國想未能恝然也聞令似縣尉有橋山之辟今既訖事當還侍矣

答薛大卿象先書

某去歲到新安便道合求見然求名之地貿貿而來將謂我有覬心爲是而止要未能釋然也奉常居九卿之長眞國家養才地當今善類屬望如象先者蓋寡望有

以稱斯責新安學舍今漸整頓有數後生亦可教但自媿學力淺陋耳傳漕素不相識忽送至薦書知過譽之賜非所稱也當今求舉狀者例以薦賢爲辭如某鄙陋名字素不入諸公耳未必不以我爲宛轉某年老已不作升進夢願兄愛我以德於利祿境毋寘念可也

再答辥大卿書

前書蒙警誨疑某不受諸公文字深荷教督然某平生志趣誠不敢爲矯激事但覺汲汲於利祿而求薦與夫委身其門皆中心所不安故不爲爾諸公不鄙而薦進

之某奚敢辭初時居厚兄亦以是見疑年老方日就實地以安身奚敢作此阢隉態耶學校間但與諸公只就日用平實處講貫亦有數人向前自媿學力淺薄未能興起後進望兄賜之警教某亦自度不墮也前教又言出處未定以某鄙見當今如門下者幾人若皆相時而去國家將何賴焉且望勉旃毋爲自全計未審何如

與陳中書傳良書

某伏自前歲領湖外教字一修謝幅耳後聞歸鄖省主道山載筆螭坳判花西掖吾道浸亨私竊自慶但歸愚

名沒視外境事不覺因循竟不克奉一書爲愧去冬之官便道合求見久不游都下蹤迹次且遂止得故舊書悉言尊兄不遺小善力賜吹噓某何以得此傳漕無半面交逆知所由來但某年老自度無用於世已不作升進夢想縱荷諸公特達亦只斷送落花耳若尊兄知己之遇則沒世不忘也新安諸生幸相鄉惜規模狹小阻後生來意某平生志慮不敢自畔於聖賢但學問空疏欠缺甚多無以副其望凡可告教及別後進德工夫幸悉賜示庶藉警策也餘祝守正無撓力全大節以植邦

基至禱至禱象先子宜志同氣合一時會聚天也不時
講究爲國遠圖否

答趙通判書

來教諄諄益知遜志時敏不替厥修學問本無窮已日
知不足所到殆未易量詩曰上帝臨汝毋貳爾心書曰
德惟純一動罔不吉純一是心乃克主善善爲吾主動
靜皆應雖酬酢萬事罔有他適則向之所謂雜者自無
所容立矣不然則隨物變遷雖外境若相宜而失己已
甚欲其日新難矣

再答趙通判書

某謏蒙知遇敢不盡愚未審以爲如何行父別後想見日有其學之益更祈切磋勉歸實地學中生員有莫知徵鄧夢貞陳鋭羅欽臣數人亦可與語不鄙而進之亦簡修進長之道也

與王大卿書

某不才冒領儒官勉焉孳孳不敢自懈雖荷士友相嚮大抵鄉中學校寥落非吾鄉比學糧無幾日給僅四十輩歲終又以匱告鄉來處學皆苟二餐而去蕩然不修

涖職以來日與之處規矩初張諸公始覺有相安意日
來得二三良朋可與其學第學力淺薄不能有所興起
耳或蒙台慈軫舊不我遐遺賜警誨之音俾得持循不
勝幸甚某老矣久不作升進夢想去歲荷禮書尤丈漕
使傅丈倉使陳丈惠然相舉皆出獎提之賜然某素安
分事之成否不敢問也

答劉淳之書

春闈注意吾友終榜不見盛名惘然增悵傷哉貧也何
以爲懷然往者西美先兄進學之初親庭甚喜先妣未

能無疑一日忽問云爲學儘好萬一飢餓如之何先兄謹對曰飢餓自當順受若不知學必將隕穫失措寡廉鮮恥惟知學乃能安於義理隨境區處終不至喪失身命夫子曰君子固窮小人窮斯濫矣妣氏聞此乃釋然大喜某佩服此言未嘗敢以告人今讀來教恐左右以利怵爾心故及之朋友在利達者類不滿人意某作念甚久故之官不敢入都平時以聖賢經書前輩議論妝裹作人自己良心先不明白一旦處外境不動難矣哉

答王了夫書

某還舍得一再見尚阻披款戛深愧仰即日伏惟尊候
萬福比汪及父出示長牋敬誦不勝感戢朋友道絕無
有箴規切磋之益而已過不聞每懷不足之歎乃今始
見前輩風味某何幸獲此之官之期一聆警誨已綫其
所行但某前日之見非爲貪祿平生不作榮進想諸公
薦墨匪求而得得之亦不敢以門生謝只付之造物耳
豈得一京秩還遽效登龍斷之夫乎只緣見義不明輕
重失當鄙意蓋謂受其責者當任其事事不早正待廢
而支不若救之未廢之前平陽缺官數月丞亦參選只

簿尉耳初受關時見彼中人言財賦虧陷獄訟淹延已日甚一日故欲亟往整之不料出處之失節舍己田而芸人之田兹成大謬非門下一言幾陷罟擭而不知感甚感甚繼是凡可以警某者悉望忠告鄉作先丈挽詩嘗曰責善時聞直諒聲此乃某中心受賜之言厥今世德作求某旣爲己慶又爲門下慶不宣

答楊叔仲書

某宰邑踰年幸不至勞勩喪本蒙雜而著聖言豈欺我哉來書謂得令叔講誨甚喜有賢父兄耳根易熟要須

成德爲行乃爲實地更冀內省

請徐學長書

某涖職踰月剝蠹起廢夙夜不遑未獲時造學校與一邑賢俊講明爲政之端深愧古人下車修庠序之意所賴賢者爲之領袖邑人得所矜式足以追某之責比丞有意退處已嘗面致願留之請茲承公文遜辭再三益深愧負某雖無似不能致古人弦歌之化竊亦有意於申孝弟之義何賢者絕之之峻也再此伸控願無退棄非惟某之幸亦子衿之幸也

答喬世用書

僕自離鄉日領專書之後到此即欲專介候問一來泣職事隨日生雖每每作念迄未果遣中夏得少微兄書知嘗苦臟腑恨未問訊得消息專使伏領賜教至慰至喜即辰冬初漸寒伏惟美政告成琴堂燕裕台候神相萬福某不量疏拙冒爾治劇四閱月矣橫陽眞壯哉縣賦入甚輕歲發紙錢不過十萬與治境大相遼絕土廣人稠詞訴極多每引放不下六七百紙亦要人決遣邑人幸相安士子及寄居亦未見有撓政者終日應酬幸

不倦只閱眎太多兩目苦眩瞀耳邑人每以勞苦見念亦荷其見愛終恐事太冗不能盡副其望爲慊耳此外惟總經制錢費力又積下舊欠日被督責蓋半載鬬辛之易權攝勢自應爾有數端欲求見不能盡寫令學生具之別紙尊兄榮滿有日真足爲賀向來諸公列薦之議想不容中輟到此偶得順伯書因便書嘗專道盛德譽望藹然彼當得之久矣想必能贊成此事但近得報憲使似有動靜未知果如何也林子之往前倉昨日因勸農到彼相見以來書謀之無不可者欲在立春交割

當須自有書如此則台座少留亦無害惠貺附子極佳雖不常服亦不能缺此此間藥材絕不易得又非新安比也感甚感甚孥累留鄉方始般挈度從月初可到此也夏間止攜三子一姪南來尊嫂安人伏惟懿候萬福令似伯仲暨眷聚均休此間稍有海物未能遠致蟹鰻糟住小桶但批喻足矣何必寄楮劵敬納回繳此便武不輟嗣當以進

答楚仲齡書

爲別易久不得奉一行書每深馳企便中辱惠教至慰

至慰訊後又見冬序伏惟讀禮有相孝履多福某不量
治劇涖職餘四月矣邑大事宂終日應酬不敢倦但覺
己過之多耳春間辱惠書迄不果報每念不聞諸友消
息得書知講習不廢深慰所思但莊卿書言別後吾友
一洗膠固入會圓融而來書但云目疾作苦若不能堪
吾友平生爲學正坐膠固之病一旦掃除當日有休休
之樂而來書但云爾豈復爲外所奪耶古人固有終身
抱疾如支離疏者猶足以養其身而終其天年況仲齡
未至於此外無仕進之念內無飢寒之迫力學自強超

然自處雖少有疾何損於內孟子曰夭壽不貳修身以俟之雖甚不幸亦只得自安若強以命分之説排遣疾終不能逃卻恐未免自貽慼慼也惟仲齡勉之因來幸以前所得者見教

舒文靖公類稾卷之一

舒文靖公類稾卷之二

誌

竺碩夫妻舒氏壙誌

董溪竺㞐碩夫之配舒氏余三從兄之女也曾祖諱某祖諱某考諱某與竺氏皆明之奉化人年二十而嫁事碩夫三十有八年而𣦸後七年當淳熙己酉五月四日而歿越三年二月丙午合葬於居室之左薛家塢碩夫之墓君少孤家且貧隨母鞠養於袁氏柔惠疏通克勤厥己既嫁事舅姑婉而恭遇長姒卑而睦相君子順而

勤嫻親饋問孔惠孔時酒食賓燕具有旨蓄故能和室人輯宗黨而家道以豐竺氏先世服田力穡家尚樸野雖長厚有餘而文不逮質於是諸子能勝冠君爲裹糧俾負笈出就明師歲時歸覲問師友所講何說汝曹所肄何業所學何似躬自督課不懈益嚴他日喜語余曰諸子自得師麤厲之習變而爲儒雅暴慢之氣轉而爲溫厚事父母處兄弟非曩日比且丏余勉厲以圖厥終余告之曰此心之良人所具有先生能開吾善不能與吾以善三子繼自今毋放毋逸改過自修離師友而不

返式慰母心未量也至是大年請記歲月予樂道其教
子專故併書余言男曰大年大本大聲大用女歸王九
成戴端書袁邦獻毛天祐屠權大聲大用及王戴毛三
女先卒孫男曰師雍師偃師點師參師蹇師淵孫女六
皆幼焉叔父修職郎充徽州州學教授某誌

伯禮兄壙誌

某之從兄伯禮諱琮姓舒氏家世明州奉化縣曾祖諱
惟政祖諱卞贈宣議郎父諱黼再薦於太學試禮部卒
不偶兄幼在家塾聰敏秀出作詞賦講平經理輩行不

能企及年二十四與鄉薦後連上禮部亦不偶淳熙十
一年以特恩對策中甲科教授登仕郎入選授迪功郎
調處州麗水主簿十二年高宗聖壽八十大赦轉修職
郎十六年到官僅百日寢疾而歿享年五十有八實紹
熙改元三月二日越六日訃至弟瑜奔走護喪以歸某
慨念先伯父文行表後學其就而請業非齋邀不敢近
口授指畫沾丐者多獨乃齎志以歿幸兒克肖厥德人
曰是將濟美矣連蹇場屋晚歲一官未為造物費而勦
不容施人無所尤天不可怨豈不痛哉豈不痛哉兒學

業精勤踐行篤厚其沈鬱不舉益自勵與年俱進文無滯思辭簡潔而意已獨到父母終兄弟情不忍與朋言入耳則厲聲叱之故終其身門戶如一涖官未幾上下交爭其殘也守倅僚佐歸賻有加同僚典喪事無不勉學校諸生遝吏民或祭於庭或祖於道哭泣盡哀乃去噫是固不可強而得也娶董氏生五男子長鎡早夭次鉉鑣釭一未名四女子汪知政李元松董大受郭塤其壻也是年冬十有二月壬寅祔於禽孝鄉先伯父墓之側從弟修職郎新充徽州州學教授某謹誌李元淳書

瑯琊王公墓誌

瑯琊王氏爲江左著姓自晉丞相導十七世有祕書丞葬明州奉化白水鄉凡今族於邑者皆祀焉又四世有曰融者生處州文學仁幹厥後尤衍公文學之七世孫也曾大父某大父某父某皆隱不仕公在幼諸父早世伯母舒氏母董氏俱誓守義公嘗與從兄分財異居已而從兄殁伯母抱孤孫歸於母家公慨念曰猶子不克侍養咎將誰執請合同爨焉方是時常產不自給於是菲飲膳儆衣服冒寒暑忍辱含垢與內外同甘苦以治

其生粟聚縷積而不競於人歲久貲十倍乃築室侍養
事伯母如母而尊敬有加暨孫長析家貲之半與之公
嘗爲親得佳城伯母殁即其山請分兆域以葬終始無
吝焉淳熙己酉十有三年公殁於正寢享年七十娶趙
氏柔善且勤勞克相其年三月八日先公殁享年七十
有一越三年十有一月己酉合祔於姚氏之墓男士穎
士龍女三人皆嫁爲鄉人士妻孫男晞顏晞甫女孫二
人尚幼公伯母我之從姑某自幼及長聞姑道公戮力
孝養甚備至是士穎請誌墓某曰儉德之共也吝德之

賊也人皆曰予儉耳而於自賊者鮮克知子之父約於己勤於家孝於親克恭厥德而無墮於吝是可書也已故爲之誌

汪母鄔太孺人墓誌 代其子萬頃作

有宋紹熙元年月日先妣太孺人鄔氏歿於寢明年月日合祔於明州奉化縣鳴雁山先考太學學諭汪府君墓太孺人之先爲鄉右姓曾祖某祖某父某皆不仕孺人生長饒裕通練勤直善相我先君我先君遊太學十有六年太孺人躬提家政禮無違者先君無祿早世太

孺人訓鞠孤幼黽勉有無使男有室女有家繕治居寢
備言燕私而萬項輩優游膝下不知父母之裕已是惟
罔極之恩不肖子未有以慰厥志幸際高宗大慶命服
在躬方將環立兒孫怡神燕喜爲百歲無窮慶而天罰
之極豈不痛哉太孺人生三男子長萬項將仕郎次萬
敵萬選四女子長適西浙運使進士鄖某鄖某皆太孺
人之姪幼適寧海進士陳祉孫男七人孫女三人孤萬
項泣血謹誌

先君承議公壙誌

先君姓舒氏諱黻字德濟世家明之奉化曾祖諱文吉祖諱惟政考諱卞承節郎贈宣議郎妣王氏贈孺人先君自幼力學於伯氏諱黼文行重於鄉以七十上禮部對策入等授右迪功郎贛州贛縣西尉任滿循從事郎監行在贍軍激賞東庫再監潭州南嶽廟致仕轉通直郎淳熙己亥七月初三日終於正寢享年七十有四以其年十有二月甲申朔合葬於金溪鄉承豐里廣教畢妣孺人李氏之域七子曰琬鄉貢進士曰琰曰球曰琳曰琥國學進士曰璘迪功郎信州州學教授曰琪孫男

二十三人某某一未名球琥及鋭先卒女孫十一人長歸李元琪次適張南玘餘未行曾孫男一人先君忠厚誠篤敦行孝弟尚論古人必以檢身夷考載籍務明治道聲色貨利不入於心故處家庭在鄉黨守官涖民咸有典則可紀述興國軍教授臨川陸先生九齡嘗謂人曰舒君溫恭足以儆傲惰之習粹和足以消鄙倍之心聞者以爲篤論某等欲請銘於陸君迫於窀穸未克就其行實則有友人揚州州學沈煥爲狀某泣血紀歲月納諸壙迪功郎廬州舒城縣尉李過庭書諱

袁輔德墓誌

明州奉化袁氏族大而夥不知其幾世宜州助教諱景琳始以財雄爲鄉長者助教君之幼子諱良佐字輔德未冠而孤從諸兄事母龔恭順戮力不敢有先如是者三十年終其身如一日天資渾厚與儕輩處口如不能言見有不善則爲之頓足不安如其言之出乎理則樂交而不厭循本就實絕無世俗機巧態遺子從師勉以學行而不專以科舉計居家則告之曰毋侵公以植私家乃睦毋弛勞以怠事業乃成此其躬自勉者推以爲

訓焉平生孝友不幸連喪二兄思念骨肉隱痛日深公
亦再歲而逝方寢疾男女婚嫁皆及時戒之曰我死毋
傚薄俗匿親喪以苟合病且革予往視之則徙榻於室
之東偏予曰此非正寢也公聞之命亟反諸室有頃而
歿紹熙三年六月十九日也享年五十有二娶汪氏子
男八人曰邦杰曰邦玉曰邦度曰邦孚為季兄後曰邦
紀為伯兄廬州司戶後曰邦正餘未名女一許嫁舒鉦
某之子也孫女一人明年八月庚申葬於邑之連山鄉
城西嚮先夫人墓之右前期諸孤請墓誌予竊歎曰大

樸既散知僞日滋質厚如公雖文不足以自發而良知良能著於日用者如此是眞近本者矣哉乃不辭而書

修職郎充徽州州學教授舒璘述

舒子春墓誌

予兄弟遊學四方受師友開悟歸於鄉人士共學伯兄之第三子銳氣稟醇厚感發之機特敏讀古人書善自涵畜其屬文攄發胸臆雅健舒暢事大父母竭力承志無遺躬家務不辭勞雖至繁劇經畫有敘事畢燕坐讀書平居簡重言不妄出與之處者潛格其非人或有爭

則拱默而俟少定徐以言開之靡不降心以聽惟其克
踐所學儕輩期爲遠器不幸年二十有六而終疾病予
與兄弟輩坐其側且泛論生死之常忽醒然曰形骸既
累人神色俱還若有生意已乃默而逝實淳熙五年閏
六月十有一日嗚呼哀哉命也夫銳舒姓字子春明州
奉化人曾祖諱卞贈宣議郎祖諱黻通直郎致仕父名
琥再上禮部母張氏將葬父母哭曰是子冠不及婚百
歲後孰識其墓耶異日當窆於吾夫婦之左姑殯焉越
四年得地於邑之連山鄉廣溪渡畧十有一月庚寅乃

葬季父某爲之誌屬其表叔李元淳書焉

迪功郎汪公墓誌銘

汪氏之先自歙徙明之奉化家世豐其後有浞者倜儻好施晚學釋氏野服山樊時號汪長老今山中人猶能誦說其事長老生元之之生康世世世生高州助教邦式助教兄弟三人譏於友愛居同財葬同壠題其家舍曰懽同取陸士衡詩三荆懽同株之義公助教君之子也諱汝賢字季顔紹興末輸財佐軍補右迪功郎尉衢之西安吏爲公資進易之邑有朝貴勢敚民山顧誣盜薪

吏縮頸不敢決公直之執其隷杖之於州吏駭服斯人
俄領漕計將逞𢢝羅織無所得乃攟摭細故符郡掬公
郡將詹事周公操雅相知置符不報已而吏郎王公悅
繼之廉得其狀遣郡博士劉公敦謂公曰某在毋恐事
不白吾儕臥家不黨使者枉小官漕不能罪尋丁助教
憂免喪爲常州錄事參軍盡心讞議惟恐有寃榷茶之
法園戶私鬻其罪杖若商人則加等陽羡茶商挾劵而
糈以私犯法滋衆公請之郡曰律設大法耳苟盡之則
商旅不行而榷貨壅非公家利也願請少寬商人以園

戶罪罪之任滿擬差監臨安府都稅院未銓量丁太孺人陳氏燹葬有日疽發於背力疾拜簋走邱壟治窆事及引哀容黧黑弔者駭之反哭浹旬而終淳熙七年十有一月己未也享年五十有六娶張氏男子二曰伋曰份女子三長適里士袁良佐仲歸於某季在室孫男女各二公資稟溫厚恥言人過喜怒不妄發承藉前人遺業約己安分而用益饒其養貧族歸孤女修輿梁病者予藥死者不能斂予棺皆發於誠實可爲子孫法若夫儲粟以賑饑廣家塾以教鄉之子弟此公之素志未克

施而下世矣是歲饑伋捐萬斛食饑有司以名上贊書襃嘉特授迪功郎荐饑伋出萬緡糴穀賑施且將築館延師以紹公志云嗚呼積而能散散而不失其所者誰歟有志不克施有子而不丕承厥志君子以是知汪氏之澤未斬也既祥卜地於縣之連山鄉廣渡塢葬以十年三月之甲申璘論撰公之世出行實遺諸孤俾乞銘於立朝之君子伋泣拜曰知先人莫如子若幸終惠沒世不忘矣乃感慨而銘天之美利匪私於人勿專勿壅何用不仁溫溫君子積而能散我謀斯臧厥子肯幹百爾

來止毋替前徽天道無親栽者培之

平陽縣修社壇記

縣社居邑西南直主簿廳事之後頹垣不治切近庖湢無壇壝甃地而祭東有巨井汲者踐其上旁爲園蔬西則守者之廬某承命宰邑以慶元二年夏六月六日視事既謁禰自念曰社稷人民均令責也今若此其何以竭虔妥靈時秋祀且近未遑即修乃拔蔬緝籬即故所而將事祭器不備取具於學籩豆之實責財於吏凡有祭祀之文舊率苟簡懍然懼無以接神人之奥也自冬

約園刊本

涉春克治新之始地接山麓形捄如角於是欲拓西縮東以遠庖湢而其南不足得地二丈於進士葉安上墾而闢之其繩則直繚以周牆植以松中爲四壇社稷各一風師雨師雷師其爲壇二地狹不足以容也祠祭有齋遷而新之出井於外以便汲者即其地而守者廬焉爲祭器樽罍爵洗俎豆籩篚簠簋若干其廚而扃之齋館命守者守之春秋給米斗各二祠祭之資悉從官給每歲事致齋執事者習儀於是禮文麤具人知肅敬焉壇場齋宇爲緡錢若干甎瓦木石工役之費取具焉祭

器爲繒錢若干丹漆胎樸之費取具焉董其役者邑士徐仲山掌其事者史安國宋文某將去懼失其實謹識顛末以告來者五年夏四月四明舒某記

舒文靖公類稾卷之二

舒文靖公類稾卷之三

劄子

謝傅漕薦舉劄子

某愚不肖幼不知學溺心利欲之場以爲讀書著文但爲科舉計既冠游上庠獲見四方師友耳聞心受皆古聖賢事業乃始漸知曩日之陋勉而企之困不能進中夜以思覺好樂貪羨之心掃除不盡是心終不獲與聖賢同由是質之於先生先生可其言而開之以理義專心致志惟先生之爲聽然後知天之賦予我者至良至

粹無好樂無貪羨廓然大公惟理義之順聖賢先獲我心之同然故窮達用舍安於理義之常在上而與天地同流吾不益在下而與草木俱腐吾不損稽之於古若伊尹之相湯傅說之相高宗光明俊偉咸美有商使聘幣不行審象不肖則亦莘野傅巖一老匹夫耳甘盤舊學之功克俾厥后夢通於帝亦足以居寵利矣翻然遯野罔顯於世高宗不以告人則烏知有盤哉其在孔門若顏子之居陋巷閔子之在汶上曾點之浴沂漆雕開之不仕聖人深嘉屢歎非謂其能脫屣軒冕甘與鳥獸

同羣亦與其能安於義理之常耳某佩服此訓亦旣有年惟資稟鈍滯無勇進之功怠惰易形有作輟之累然藉師友以反其初者幸不至甚昧雖學不加進行不加修而拳拳之志不敢替受命之初年方壯父母俱存是時亦有意事功且冀奉檄之養薦遭閔凶憂患痛楚之餘血氣且衰而前日之意浸薄當途誤加推轂蹤在江右臺幕下微官厚餮亦冀少展綿力隨行而入逐隊而趨言不盡情道屈於己韓退之幕府之況乃備嘗之退念家庭七百指常産不給則亦未免祿仕而當今祿仕

之可以效力莫如郡博士讀聖人之書爲禮義之學可以會朋友可以申孝弟居是位以竊粟庶亦無愧故不量淺陋冒昧此來始者謂新安多士當有羣居共學之益不料養士無資日給僅四十餘輩而歲終復以匱告雖勉焉孜孜不敢自怠而資糧單乏不足以招來後進方愧有負初心奚敢藉是以爲進身計乃蒙門下好賢樂善以推轂爲己任首章論薦下及幺麽惠出非望褒借過情某私竊自念生長海濱愚鄙樸鈍之學無一可動人聽矧於門下居相違位相邈面目相誰何涖官未

幾一旦保任其終身而薦之雖門下樂善之公超出當今士大夫之上而某自揣愚陋不足以當此豈二三故舊愛某之厚爲過譽之辭以誤門下之聽而然乎士固樂於知己然世俗之禮隱之心而不安者則願有以請焉某自爲學以來悼幼志之失思補過於其後每歎利欲之移人雖在孔門自顏閔之外如仲弓子夏子路子張之徒皆未免厭後士益失己僥倖於富貴利達者衆而孟軻氏灼見理義之原欲挽其弊而反之初於是有龍斷之喻墦間之喻鑽穴隙之喻皆所以起天下羞惡

之心而世莫之聽上之所謂旁招俊彥既喪而下之所謂素位而行又乖故上則挾富貴以臨下下亦冒廉恥以干上薦之者既自以爲恩於彼而受之者亦自以爲恩於我遂使聖人舉賢之公道一變而爲干祿之私情拜爵公朝謝恩私室而門生恩府之稱自唐以來歷數百年雖名卿士大夫亦未能有擴然大變使天下同歸於至公之域豈不曰人皆有欲貴之心昔人有報德之事彼皆以知己遇我吾不委己而歸之非人情歟抑不知古人之事上苟理義相同則志意交孚精神默契其

合也講道於一堂其睽也對晤於千里出處用舍禍福
利害其關節脈理之相應雖無私情之感而斷金之利
蓋有終其身而不忘者苟欲舍是必欲委己以自露其
感恩之狀所舉賢耶異時知己之報固亦理義所當然
不賢耶見利則逝見便則奪而亦何恩之有何者勢利
之交出乎情道義之交出乎理情易變理難忘勢則然
也某幸蒙特達之知則思所以難忘者事門下故不敢
稱門生以仰累大公之舉平時戰兢恐失未嘗矯激以
戾時俗擇其安於理義者而願學焉是敢不揆狂斐輒

露心腹而駢儷不情之語亦不敢以進伏惟門下矜其愚而教裁之不宣

謝張守舉狀

竊惟天下有大公之道行於古而不行於今同俗合汙之士皆曰誠如是君子則曰時有先後道無古今使王公大人以古人之心行古人之事挈諸其上以明示天下孰不願影隨其後哉夫薦舉之法乃國家求賢之道非士大夫干祿之門是以古之時上嘗急於得賢而不以選拔私其下下亦謹於自治而不以利祿干諸上上

約園刊本

下兩盡天下爲公故廉恥明而風俗厚後世義利不明
士失本心爲己之學乖利祿之念重視阨窮遺逸若不
能以一朝居於是有自鬻之態有請託之門上則挾富
貴以臨下下則冒廉恥以干上拜爵公朝謝恩私室而
門生恩府之稱歷數百年雖名卿大夫亦安於流俗而
不能擴然以變故嘗端居而靜念謂幸生明盛時親師
友之訓心有所得雖不敢以古人自居至同流合汙則
有所不忍焉故自得官以來凡敬恭以事上黽勉以效
職己所當勉者不敢自懈至利祿之念則聽之天而不

敢容吾心夫以鈍拙之資背時俗之向自謂無復榮望而升進夢想亦不形兹者乃蒙某官好賢樂善以推轂爲己任不由介紹不俟請求排羣議而獨舉焉是閤下以古人之心行古人之事某雖愚陋不足以仰稱明遇竊喜古道復見於今夫人以古道待己而已不以古道事之則爲有負門生之稱出於私情而非古用不復以進以負門下之公平生戰兢自持不敢爲異擇其安於義理者願學焉古人有云待以國士報以國士某亦曰待以古道報以古道惟閤下察其情而貰其罪幸甚幸甚

甚干冒威尊不勝悚恐之至

謝陳倉舉狀 士楚

某不才誤蒙知遇世俗修謝之禮宜在所謹而區區有懷敢私布之某幼不知學知讀書爲科舉計壯歲得師友然後知天之所與者爲甚貴而前日干祿之念特誘於外而使然反躬內省益知內樂之重故得仕以來雖憂患困躓終不以是累其初況所謂薦舉者乃國家進賢之道而非士大夫干祿之門詎容枉道自謀耶古道浸薄利祿移人士大夫凡可以得志者雖龍斷墦間之

態不暇顧而上之人亦失其旁招之意而市恩於下遂使前日舉賢之道一變而爲干祿之私情拜爵公朝謝恩私室而門生恩府之稱自唐以來歷數百年雖名卿大夫亦未能擴然大變使天下同歸於至公之域端居而念安得以古道自任者挽頹波於旣倒之餘茲蒙不鄙其愚褒善公舉某寡陋曷克稱是然竊喜古道之復見夫閣下以古道待某而某不以古道事閣下則不足報稱是敢略去世俗之禮思勵所不逮以仰酬知己之遇平時戰兢恐失未嘗敢爲矯激以戾時俗擇其理義

之安者願學焉今年春漕使傅公誤加論薦某嘗爲敘平生大槪傅公不以爲異辱寵答之某於傅公無一日雅聲容不相接故未免假言辭以自見若門下則異是故併書以略惟執事教裁之某不勝恐惶之至

與陳倉劉子

某備員校官託在宇下雖與士友講習外無他職事然有民命所關不容自默者不敢有外於門下江左數州去歲多以旱告幸遇賢使者究心賑恤周爰咨詢不憚馳驅之勞仰見仁人之心雖古人阻飢之念何以過此

然竊聞他郡已蒙大惠而新安六邑獨以不歉見遺某竊惟此邦去歲自六月不雨至於十月旱可知矣其間雖得陣雨沾濡絕長補短僅有半入然民病至骨往往償租之外便以絕糧告矧此邦山多田少貧民下戶仰給於陸種者尤眾而旱勢如此爲之一空以故民食倍艱冷官雖不能周知六邑之詳而歛與祁門某得之最審自九十月以來郊原之民便食蕨根窮日夜之力僅足充枵腹亦甚可憐矣而自冬歷春搜索殆盡不免流移狼狽如此而反不沾惠豈長民者不以告抑告之不

盡其實耶今歙縣幸得喬宰注心郡中許續鈔劄見行
賑給而祁門姚縣尉者有意主張去冬郡中委之鈔劄
戶口具有條理且備言彼邑窮餓無聊之狀郡中遂專
以措置賑濟委之止緣當時申旱不及分今止得米四
千斛然尚以飢困者衆所得不足以周急渠有事目申
稟山川風土與夫民物衆寡當備言之喬宰聞託契甚
厚姚尉乃敝里一佳士皆有意於民可任以事又聞休
寧日來亦乞鈔劄鄉宰李丞亦能愛民凡有所請得賜
矜從必能使使臺實惠下孚救此一方江左風俗大率

多剽掠日來道路僻左去處其漸已滋唯亟圖之庶免噬臍舍刀七而與知防某實有出位之罪仰恃眷獎敢助咨詢得賜融亮幸甚幸甚

與陳倉論常平

竊惟國家常平之法蓋惟歲有豐歉穀有高下故斂之豐用之歉大率欲濟饑耳然其斂也皆堅好之物及其散也多腐敗之餘蓋米之在倉餘二三年蛀損腐爛勢所必至又其糴也官雖給本州縣往往受納而虛取於民及其久也官慮其壞命之易新則又虧折其甚者往

約園刊本

往因是借貸名存實亡弊至於此上司雖加督責往往不過鞭縣吏輩按發官吏然米終不可復深惟其弊蓋由所積之米與郡縣廩一同郡縣之計苟乏以易新爲辭因而借貸所在皆然竊嘗考諸前史如漢時趙充國論湟中穀入錢謂耿中丞糴三百斛則古之積貯在穀不在米驗之於今藏米者四五年而卒壞藏穀者八九年而無損而穀之中又有高下焉有大禾穀有小禾穀大禾穀今謂之粳稻粒大而有芒非膏腴之田不可種小禾穀今謂之占稻亦曰山禾稻粒小而穀無芒不問

肥瘠皆可種所謂粳穀者得米少其價高輸官之外非上戶不得而食所謂小穀得米多價廉自中産以下皆食之且常平本以賑饑不過欲救小民之死亡今乃高價收難得之粳米三四年之後又復陳腐而散之時民終不得堅好以食取之雖精而用則甚麤竊謂今之常平除義倉取之於民隨秋送納自合收米不宜輕收若官司收糴常平不如舍米取穀而穀之中只糴所謂小米穀者常平官粗納米一斛則折穀二斛與所糴並藏其一久不腐其二得米稍多其三不必換新以生弊其

四品色不同官司難於移用其五破穀之時得米甚新反覆思之無一弊而有五利果可施行不惟一路便可措置若敷奏朝廷亦可永爲天下法伏乞台慈詳察

論茶鹽

契勘國家榷茶鹽大率淮浙之課在鹽江鄉之利在茶二物出產去處其價廉甚商旅先以厚資買引然後以本錢取貨官價既輕利亦無幾故商賈之家不免因官引夾帶而桀黠者或致於私販官私防夾帶之弊則置合同防私販之弊則責巡尉然夾帶之弊官司檢視嚴

密有所不行故其間往往聚衆私販其初尚畏官司多由間道年來百十爲羣公行州縣淮浙之鹽江鄉之茶在處皆然聞之湖湘士夫謂曩者江西茶鹽只緣部使者關防盜販於關津渡口嚴行提捉商人相與角敵已而殺傷太甚自知抵憲與私販等死遂鼓衆橫行不知後來朝廷收捕用幾年榷茶費用耶見小失大利害較然今私販無賴之徒官司苦不能禁至因官引而夾帶此猶傍法而行若官司一一苛察繩之以法彼既失利必將私販私販者透漏無藝而不能禁傍法者夾帶有

限而反加嚴是驅良賈而爲無賴之歸議者欲從上司
出榜禁戢非計之便切嘗謂士大夫雖當守法至與民
爭利之條誠不宜倚以爲則少加寬假使商賈樂出於
途亦不至虧常課更乞上司寬體

論保長

國家自免役之法行民戸輸錢在官官顧著戸長以催
科自後庸錢不除差役如故故今之保長復以等第執
役州縣稅籍不整觿虛爲實指無爲有凡倚閣凡逃亡
凡死絕凡没籍凡竭產如此等無一𢿕除盡責保長一

都之內夏稅二八秋糧二八又坐甲二年而後替二年之間充保正者二充保長者八保正既取上戶而保長中下之家一都之內中產幾何二年既取其八循環而差無戶可應往往千百稅錢便須應役者村民不慣官司吏輩得以虛取一稅二八已是畏懼又豈可使之竭作耶竊聞近來益憚應役無所解紛乃欲牽惹眾戶共應官司到上司投狀乞每歲差十人人催一甲以分其力竊謂此事有大害存焉且如徽之歙縣言之縣三十七都每都稅二八則一歲不過七十四人轉而爲十則

一歲將差三百七十八人雖曰催科稍便塡納差少然期會之奔走吏胥之乞覓擁遏於庭下而情不通拘係於官司而身不脫點對之費用比較之箠楚人人所不能免縱使令長有寬恤之心深加撫勞然上下勢嚴內外情隔非委之吏事必不集集事在吏非賄不行矧令長迭更未必皆賢賢者尚不能盡察萬一非賢吏輩誅求寧有紀極是向也一歲之內以七十四家而受此禍而今也以三百七十家而受此禍利害較然而人復來請竊謂此請不出於衆人之公議必出於見充保長之私

請夫應役官司非民所便彼方安坐田里吏不及門亦何便於己而牽以分保長之役是必見應役者未免目前不顧衆人之情不恤他日之害者之言也要之此事只在令長得人寬恤撫勞勿裝虛數使塡納勿縱吏胥乞覓以所催成數爲之分限使如期催捉勿比較勿監繫約爲期限使自齎呈及所催則縱之不及數則勉之戒之使之補過或不及數然後取其怠慢之尤者以警之若令長推誠撫摩委曲勞來小言必信使熙熙然赴官如歸則保長之禍自可息保長之法不必變法未嘗

弊而人自弊之今不必求諸人而求之法法變而弊益甚也伏乞詳酌

論常平

一竊謂常平立法甚峻所以關防移易今之長吏乃以法峻之故重於委吏故法雖峻而弊益滋又比年歲多豐稔官不散給積貯既久官司前後因仍不能究見實數雖上司差官盤量亦不過取見倉廒虛實責狀以申終不能考覈其數故今歲發廩往往多所折閱其間以無為有罪固難數然有積歲既久而耗不過十分之一

以十年之久蛀損耗蠹蕩爲灰塵奚止十分之一耶今歲發廩既見實數若比元額大段虧折及盜用移易合行遺外其有元無欺弊止是折閱乞與除豁卻將見在數目究見徹底毋使向後以虛數相仍繼是易米爲穀卻別立項目使後來可以稽考此亦一時覆實機會若本錢太少亦乞廣行措置且本路已散數目申奏朝廷乞降本錢爲經久之計

論義倉

一在法荒政及二分與免義倉州縣雖有奉法去處然

上司不曾申嚴須示往往胥吏不以告民間多有疑惑
聞催科保長嘗詣行臺陳訴今乞明降榜示特與除放
竊謂救荒之事苟卹民雖在他司門下尙復致力矧義
倉專屬使臺以是寬民不俟他請曩者訴旱旣多阻抑
今若因是凡下等不在蠲免者亦與除放或截自若干
斗以下悉與蠲免甚大惠也更乞詳酌施行

繳納劄子

某近者皇華戾止屢獲進謁寫積年傾嚮之私大慰下
情請回道左已更旬浹不審何日抵使臺驅馳不無勞

勤想愷悌臨民樂於賑卹當無他也張判官繼將命行
諸邑喬令尹亦遵約束續增賑給自非星軺周詢欵民
亦何以得此某蒙委訪利便事件敢不盡愚第兀坐泠
齋民事不接不能盡知其詳姑以所聞五事條具以進
亦嘗與喬令商榷是否高明當一見而決或可施行願
郎圖之管見止此深愧不能贊副諏諮美意侍眷遇篤
實更不敢修疊審苛禮伏乞台察

比者台意欲蠲下戶零稅聞黃堂已嘗而許雖嘗
停閣得之同僚乃有麥熟再行起催之意此事非

大監更賜一言力勉未能遽罷伏乞台照

與陳倉單劄子

比者率具劄子幷書目一封上干涓吏伏計已徹台覽內所論義倉一項不曾明具人戶等第恐施行間難以憑據今續得喬宰勘當實數所謂四五等比上戶所欠甚多此告貧之可憐無可送納向來不曾訴荒台慈所深嘉憫卹者若截自此特與蠲免被惠當不貲也其他郡邑某雖不詳知以此較彼大約可見欲望台慈推而行之嘗與喬宰熟議度此事使司必可行某不敢再具

稟目敢以副劄繳納歙縣所具數目附遞以進伏乞台
亮

與陳英仲劄子

某託在宇下雖幸以冷官藏拙然目見耳聞有觸諸心不能自已者不揆以稟新安雖號六邑皆崇山峻嶺水東流浙西入彭蠡在江右若覆釜然耕墾砂礫不見平原自五代僭僞時陶雅倍增重賦厥今農田所入奉稅租者強半民生艱甚在樂歲亦有不能自活者矧上流之地歉歲移粟艱難自曩歲回祿城市蕭然今夏洊遭

洪潦郊原蕩析遡者旱證已形雖郡禱甚勤邈邈有應
造化不爲已甚庶幾有望不然則未知攸濟也竊聞此
邦常平絕少萬一告饑則所以賑救者當有立至之幾
是未易以立談判不然則多給緡錢儲粟以備實有望
於門下未審執事以爲如何僭率不勝悍恐

與陳英仲論荒政

某修敬之後未遑嗣布起居問候忽拜報書特加親染
勞問慇懃謙虛下逮非屬吏所宜蒙衆深感激然區區
之意不敢以世俗虛禮事君子而耳目所接足以廣周

諸者不敢自隱新安自六月苦旱迄今兩月餘雖有得陣雨沾濡所在終未通濟告旱者紛然郡雖分遣官屬走田野猶未有分數大約恐不過五六分救荒之法大率以民爲主卻就其中與之究實乃被實惠往往今時所主多在官賦關防既嚴則所遣官吏惟上所視減放恐未盡實矧此邦民田所入大半輸官若還蠲放不盡受害不少今雖未至狼狽然賑救之法必須早爲之計以安其心庶免流離向見晦翁在浙東須條目於州縣請寄居爲賑濟官俾賑濟官鄉擇二人爲鄉官鄉官都

擇二人爲都正其鈔劄戶口雖委之保正長必令都正
爲究實每都就寺院或要害處置一場算所鈔大數給
與之米其所鈔劄到人口各給與曆令都正五日一散
其運米則委之等第之家以防虧折是時敝邑歉甚某
亦嘗任其事雖鄉都不能盡得其人亦十得五六然鈔
劄在秋末給散乃在深冬散米之日飢餓者衆與鈔劄
時事體不同必須賑濟官通變措置是時州縣先以當
來鈔劄戶口申上司拘文畏責不敢更易遂使應劄者
不沾惠而不應鈔劄者反得之若非賑濟官得人要須

上司許其斟酌通變庶得盡力不然則有應文逃責以罔上司耳今本州見委判官措置亦得人矣所慮米斛不繼或諸縣難盡得人若得上司須示條目就寄居詢訪令州郡加禮以請庶或得人可委耳又聞寧國府頗有流離見行煮粥傳聞雖未必盡實然煮粥雖是救荒一法又當施之於其所宜事不早計民以流離不得已之下策況煮粥之聲一出山谷之民繈負而出一則失業二則暴露三則忍饑以待哺死於道路職此之由竊計煮粥之費欲爲一日之飽人亦不下一升若廣鈔劄

以一升之米給諸其家縱有死亡亦免在溝壑今若急早如前措置則凡鄉土之民皆可使之奠枕唯外邑流離方用臨時安集既境內奠枕則外來者亦可鈔劄姓名就寬閑寺院安著或給米或煮粥不至擁塞無措私計萬端毫楮不能盡白敢布一二惟執事裁酌之

再與陳英仲論荒政

竊謂救荒無十全良策蓋姦民多妄訴而窮民多不能訴在法雖各於田畝立土峯牌子標字號畝步以俟檢視然阡陌連亘雖官司不憚勤勞有意覈實者終不能

履畝而視大率不過走都保挑十數畝田段以驗其虛實然姦民與吏囊橐而官不能盡究地里吏得所欲則引諸荒歉而匿其豐熟之地遂盡指爲歉吏不得所欲則引諸豐熟而匿其荒歉之處遂盡指爲熟指爲歉則姦民之不歉者必以虛訴而獲利指爲熟則窮民之實歉者必以妄訴而遭罪不歉而獲利是固可罪實歉而遭罪則含冤茹苦死無所告故尤不可不盡心況此邦之人畝收大半納官若荒及五分則官租且不辦何以自贍竊見經界之法每都分爲十保保各自有字號爲

今之計不若令檢踏官先排定都分取見各都經界字號將每都田畝隨字號分而爲十其一號之內如皆豐熟則不須檢視若其荒歉去處一號之內雖有豐凶不等若履畝而視決不能徧設分爲數等則是寸量銖度繁碎又豈能周故莫若就一號之內令檢視官對衆量度絕長補短可得幾分其人戶訴荒狀內又各有字號畝步卻俟檢踏之後取其所訴之號視元檢踏實荒及幾分爲之除放其高下豐凶雖不能盡得其實大率人戶置田必散在諸處既得其大綱則以彼易此決不至

大有僥倖亦不至大有枉抑至四等五等之家在荒法及五分便與賑濟今旱勢如許必不能自存恐其間有些少田畝往往只在一號之內不幸盡是荒歉而官司所檢既以絕長補短爲之分數卻恐蠲放不盡故莫若將上三等戶隨所檢視分數與之蠲放其四等五等之戶卻於檢到分數之後更與蠲減則無不被實惠之人矣此法雖大爲之防然阡陌之廣若欲履畝檢踏雖窮年不能徧只以此法爲準如本州歙縣管下三十七都都分爲十則已分作三百七十號日檢十號已三十七

日歳云暮矣税限已嚴又豈容稽緩耶愚慮如此更在
裁酌

上新安張守劄子

某疏拙不才誤蒙知遇深念事大君子之道不惟仰贊
盛德要當竭誠盡意知無不言庶幾不自疏外以盡報
稱茲蒙台諭撰祈晴文謾以拙意直敘殊愧鄙朴然竊
自念感格之道在實不在文有如判府奏院節儉愛民
宜有休徵淫雨泛濫雖在處皆然然古今善政所召蓋
有虎渡河而蝗不入境者郡政苟孚焉知嘉祥之不我

應竊見行郡凡遇雨水放債錢之類必併門稅俱弛此邦販夫販婦舉貸經生以餬其口貿易如意得利僅如牛毛而折閱者率大半萬一計較少利漏稅而入一或見邏縱不到官錢物已罄倘吏不厭所求械繫送府受刑追償不惟舉室飢餓又且逋償督迫實可憐憫今若因禱祈之次撥行都例少寬幾日甚大惠也又古者遇災沴變或議獄緩刑或施舍已責雖令明政之下獄訟寡冤然囹圄之中自大辟盜賊之外其間或有干連久繫罪輕可赦者少賜寬假原貸亦足以召和氣至諸色

財賦期限雖有常程因茲涖潦特與寬假俾縣吏少寬追逮境內舒伸亦民心悅而天意回之意也某冷官本不當越次有言仰恃寬和接下曩者撰文鄙陋有忤台意素蒙委曲開諭樂君子之易事每竊自感今輒於祝文中略露此意未審台意以爲何如僭越不勝惶恐之至尚容俯伏請罪伏惟台意亮察

乞差楚學正劄子

某祗稟某分教二年學問膚淺不能興起士心日負曠瘝懼中間學正闕人某深惟諸生領袖正欲以德行表

式不宜專以文藝取人訪之善類皆謂楚椿秀才學問有源操履端正杜門力學不同流俗某數造其廬與之語其人恬靜寡慾行己有恥而議論皆本前輩遂屈致學宮屢辭迺就欲以學正處之則再三遜避且薦婺名士汪堪仲解元以自代既而汪君不果來某力挽就職方幸其肯從不料學校敗羣止見退斥遂妄肆詆毀至形訟牒雖蒙判府大卿灼見訟者不根不遂其請然楚學正一聞頗言超然退歸某再往叩之則求退愈力某自惟不才方幸得一二善類相扶持庶免曠敗一旦浮

言胥動使賢者不能自安利害匪輕此來妄意欲從使府特賜給帖請楚學正前來供職庶仗台命之重某得以挽留爲學校助干冒威嚴不勝悚恐俟命之至

上太守劄子

昧爽到山寺隨羣待班曹無所見旣曉始知有宫門殿門禁衞之限意謂使君致嚴如此及見同官言乃僉聽措置以鄙見宫殿之名州縣似不可容易倣擬若曰設至尊座則事體當如禁禦然山寺僧徒寢食出入其中未見如禁禦制守倅山門下轎入居幕次此理所當然

今日宮殿則事又相背馳矣若曰欲致嚴肅則胥徒叩門如雷不見嚴假無言之意況衣冠輻輳無所容身使臣學正之流率皆露立平旦清明猶可烈日驟雨又將若何今日之事若去宮殿之名只作聖旨追嚴道場禁約人從例不入寺門官員到寺各給一牌令當直一人攜交椅以入許就寺門裏面待班亦未至猾亂況宮門內各有待漏院亦無暴露之理愚見如此率易稟聞更冀詳酌

上趙運使劄子

某伏蒙台慈特賜誨劄俾令埋瘞旅櫬仰見布宣德意
靡所不周今之爲民上者興利除害固不乏人至於憂
及死亡非存心篤厚察見隱微慮鮮及此某恭承嚴命
不勝欽歎本縣舊有甸洋山爲漏澤園久廢不治某自
去夏承命來此見路旁有暴露者心甚不忍卽命築之
因此興念欲推行其所不及嘗募邑之父老陳其姓者
俾主其事猶未遑舉自承使帖卽令刷起叢聚不掩者
十餘所及其他四散不葬不封者數不下三千餘其棺
櫬稍全者卽隨處加土修築其間大半年深朽爛重疊

堆積或在水濱或在卑溼僅能約者數目不可復舉邑人咸謂此項縱使加土水潦衝蕩終不能久欲從釋氏津送縣司爲修設緣事舊來蓟洋山漏澤園已命工芟削欲加修治圖爲久計縱自今死不能葬者俾歸其中庶幾逐日瘞藏無復前患若其他耳目所未聞知者已一面搜訪以上廣明使惠厚之德敢此申聞或有未盡約束更須下伏丐台旨

舒文靖公類稾卷之三

舒文靖公類藁卷之四

啟

謝解啟

棲遲里閈雅無溫氏之知名薦舉鄉書輒以白家之中第殊非所異豈不自驚竊以詩人作而風雅之體興漢儒起而離騷之格變假物情而寫志援古義以方今再興於梁宋之間大備於隋唐之世平側必諧於聲律重輕不失於錙銖雖則對白抽黃亦必本仁祖義斬白蛇而述英武備知太傅之才鑄農器而頌清平於顯晉公

之識極其成效可謂得人惟我皇朝不更近古擢犀角而拔象齒附鳳翼而攀龍鱗掃開李杜藩籬蹴破班揚蹊徑蔚若縉紳之妙選隱然宗社之名臣彼何人斯由此塗出肆吾皇之再造崇列聖之舊規首復是科以幸多士連箱累牘再瞻日月之光聳壑昂霄莫非廊廟之器推行既久寧免闊疏刻革一新大爲允協振儒風之委靡還士氣之中和俾收白戰之功來副春闈之選非巨富之學何以聯珠而綴玉非甚巧之技何以結繡而璧金旅進實繁見收無幾獲逢遴選宜屬茂倫如某者

棫樸小材箕裘末業學詩學禮早聞慈訓於過庭事親事君載得師言於避席蒲鞭竹簡重惜分陰雪案螢窗幾阻清夜文固慚於吐鳳技竊向於雕蟲忽當大敵之前遂有東隅之獲九人而已介伯仲之中間十目其嚴指鄉閭之希有豈意靈芝之秀悉歸棠棣之華幸出自天恩歸有地茲蓋伏遇某官瓊宮近侍璇極文星掞富貴以來游蘊才能之固有斗間光豔管風月於毫端口角雌黄判是非於意表式副九重之倚來分百里之憂道則可行國則無小春風巷陌兒童歌元白之詩秋曆

郊原父老話襲黄之政芹藻秀從公之彦絃歌皆學道之民蘭藉得香霧行棠潤昔年里選幾定例於一夔今歲賢書遽齒名於四傑行報治功之最屬興得晚之歎元勳載想於淩煙清問愈勤於宣室憂賢畯秩正唯人主能官人載路歡謡盡謂相門真有相故茲孱儒先入陶鎔某敢不益勵前修更新末習擐甲鼓先登之勇焚舟爲必勝之期徂指乃心誓無虚辱巳藉吹噓之力遠送輕輸更期埏埴之恩不遺窳器

謝王右司薦舉啟

鄉先生鳴佩而來方展敬恭之禮部使者剡章以奏忽驚薦擢之榮顧幺麼以奚堪例資格之有礙叨承特達敢露狂愚竊以欲貴雖人心所同枉道則君子所恥苟非其義而祿以千駟寧爲之範而不獲一禽故道可爲邦甘居陋巷人爭言志獨樂舞雩固非矯激以沽名是乃從容而就義如某者才則甚短學不自強尚論古人雖信有爲亦若是退省終日欲求寡過而未能方將汲汲以終身豈敢皇皇而急仕偶藉友朋之譽誤叨鄉曲之評赫赫上公既拔茅而彙進皇皇天使復推轂以惟

勤顧何德以稱之徒有愧於中耳茲蓋伏遇都運右司正直是與德義可尊謂弼教當底於無刑既期予於治惟報恩莫重於薦士爰樂爾所知雖大賢推引類之公然小子有反躬之懼爾鈍拙而見爲有守爾朴野而強曰無華凡譽之或過其情蓋勉焉俾歸於道某敢不益堅素履仰報明知欲不貪泰不驕確守靜廉之訓進以禮退以義永尊謹飭之規感德殊深藏心奚既

謝王漕啟

陪數賓僚纔登數月剡章帝闕首出羣公泛觀薦舉之

常莫匪請求而得遽蒙公選敢布愚衷竊惟欲貴雖人心所同枉道則君子所恥苟非其義而祿以千駟寧為之範而不獲一禽故道可為邦甘居陋巷人爭言志獨樂舞雩固非矯激以沽名是乃從容而就義如某者質則甚陋學不自強尚論古人雖信有為亦若是退省終日欲求寡過而未能一覘頹風益乖雅志富貴是所欲亦何至求龍斷而登妻妾尚知羞又豈可乞墦間之祭靜念淪胥而至此深虞陷沒以皆然方將辭尊居卑而辭富居貧敢意以賢詔爵而以功詔祿何乃疏遇之賤

忽蒙特達之知茲蓋伏遇都運判院寬裕包荒清明詔物談笑足以辦事謙虛猶切下人數十里民之利病裁剸於目前十一郡吏之否臧羅列乎胷次竊自觀省莫稱獎提識慮淺而見謂宏深氣質偏而強名醇正豈愛之而不知其惡故譽之而或過其情所到特未量殆使益堅其素履我心不可轉庶幾無負於殊知乃若私第公朝古人至戒門生恩府叔世鄙辭既非先進所樂聞亦豈後生之敢效僭紓悃愊期追譴訶

謝彭祭酒啟

領諸侯之學政自強顔露公車之章猥先借寵不求而得重拜且慚竊以欲貴雖人心所同枉道則君子所恥苟非其義而祿以千駟寧爲之範而不獲一禽故道可爲邦甘居陋巷人爭言志獨樂舞雩固非矯激以沽名是乃從容而就義如某者質則甚陋學不自強尙論古人雖信有爲亦若是退省終日欲求寡過而未能茲以入官謬當分教敢曰化民而成俗庶幾習是而勝非一覥頹風益乖雅志富貴是所欲亦何至求龍斷而登妻妾尙知羞又豈可乞墦間之祭靜念淪胥而至此深虞

陷沒以皆然況專佔畢之功謬當師友之責每明此意私淑吾徒蓋欲知義命之歸弗敢避方拙之誚何圖公選下逮畸人謂行有常不在邀名而立異謂志於道豈容徇物以徇同題評過優屬望亦厚惟善能引其類將焉取斯無實而與之名殆必有故茲蓋伏遇都運龍圖祭酒先生行古之道執經之權以大司成之尊力扶清議恐郡文學之眾猶有遺才更傷末俗之易流坐慨善人之無幾眷言固僻頗以安恬作之使高借以息競施不虞之譽甚懼過情守自信之愚敢酬知己乃若列門

生之目謝私室之恩茲皆後世之好諛蓋亦古來之未見效尤罪也有識取之既執事雅不欲聞故修辭因得以略其爲惘愊莫究編摩

答莫司戸啟

伏以令聞廣譽久傳師友之間累牘連番忽拜書辭之寵知效官之有地喜承教之及時仰荷先施深慚不敏恭惟司戸朝議松筠挺操圭璧含章秉彝全物則之天造道得安深之地能定故能慮綽知游刃之有餘有德必有言濬發詞源之甚遠既題名於雁塔宜失序於鴛

行慚茲引墨而舉綱豈曰得時而行道決南山之判已知守正以無阿演西掖之綸行見舉賢於不次某遭時教育妄意宦遊迄乖奉檄之心已絕彈冠之興誤被王公之汲引獲陪原隰之驅馳摳衣趨隅何幸即披於雲霧濡毫握管愧無欲報之瓊瑤瞻頌之私名言曷罄

上程安撫叔達啟

伏以十國爲連共仰慶雲之蔭一行作吏幸分愛日之暉雖曰依使臣而有光華敢不詣大府而受約束恭惟判府安撫殿選給事斯民先覺正道後傳剛大之氣塞

天地而有餘誠明之教經邦國而惟敘玉堂揮翰誕揚
孚衆之辭瑣闥譚經密展回天之力惟君子則無入不
自得故忠臣非擇地而後安分符深摩拊之仁攬轡有
澄清之志南昌新府姓名已載於雲屏東觀蓬山論譔
仍閟於天閣雖遠俗胥懷於寧輯而上心方眷於來游
佇聞宣室之思亟下鋒車之召控蠻荆而引甌越信未
究於經綸亮天地而理陰陽始不虛於傾徯某成均晚
進奉水寒門自齒籍於衣冠即纏悲於風木兩分芹泮
歎莫效於卑官三易蓮池望實踰於本等方擬鞭疲而

策蹇遽容附翼以攀鱗引睇煇鄰聊進小夫之竿牘服勤外幕尚依大廈之栫幪欽誦罘勤銘日曷罄

上蘇運使啟 名峴東坡曾孫

風形十郡大開禮樂之光華智效一官幸執詢謀之轡攬屬瓜期之甫邇望蓮幕以知歸向蕙并包不遺幺麼恭惟都運殿撰大卿學傳聖統文紹儒宗陽春敷發育之仁江海蓄淵深之量明明慶冑挾蚳井以爭長挺挺英聲嶢雲山而增重信後世不可及已惟君子是以似之將大展其經綸果徧儀於淸宴曲臺議禮一煥新儀

大匠呈工具嚴古式卿月方澄於玉陛使星俄粲於璇霄惟生財有道自守正模而禁民爲非確在正義故江右轉輸之寄藉閫中歷試之餘驪駕輦車久鬱縉紳之望玄衮赤舄亟陪旒冕之嚴以大慰於蒼生益有光於前烈某成均晚進奉邑寒門一齒籍於衣冠兩纏悲於風木子欲養而親不待已分歸田已未信而入曰能忽加推轂遂使守戀之賤遽加躐等之榮何期附翼以攀鱗遂獲策騫而磨鈍逝饋餉不絕糧道豈能裨蕭相國之良規檢出納悉委士人庶獲奉劉中書之成算靖言

瞻袞罔究名言

謝林漕啟 名栟

候吏觀文方仰使星之炳燿征夫隨牒幸驂原隰之驅馳惟高明無所不容故幺麼望其與進恭惟都運大著郎中材猷超邁器格高宏抉雲錦以分章酌天漿而漱潤楊葉妙南宮之選芸香無東觀之遊玉節聯分帶羊城於威部繡衣四指包熊楚於提封懽情歌舞於襄帷黠膽震驚而解綬有彭蠡潤民之澤眞豫章出衆之材諒坐席之未溫即賜環而從召儒術行而天下富固難

優一路之分有德進則朝廷尊非久即三公之拜某成均晚進奉邑寒門一齒籍於衣冠兩纏悲於風木既乖奉檄已分歸田忽當塗加推轂之私俾薄宦冒泛蓮之寵鱗攀翼附幸登孔氏之寢門川泳雲飛願繼南陽之聽石靖言瞻徯罔罄敷陳

答宋交代啟 名傳

受業賢關禮樂夙欽於先進從班漕幕步趨俄躔於絕塵喜諧既見之心愧荷先施之寵恭惟某官學醇探本德厚鎮浮掉鞅詞場早題名於雁塔摽纓仕路宜失序

於篤行惟不求聞達於人故未免淹翔於外芹藻秀從公之彥絃歌來學道之民復煩贊務於行臺益見養恬於靈府元老有謀宜遺朕信克昭顯祖之休先生以義而說王當不負格心之學某遭時教育妄意宦游柰一齒於衣冠遽兩悲於風木既乖奉檄已分歸田偶當塗加推轂之私致薄宦抱纘貂之愧漆雕開之未能信懼瘝厥官楚子文必以告新願提其耳靖言瞻徯罔罄敷陳

上宋參議啟

伏以千里折衝仰帥幕謀謨之祕一行作吏實外臺奔走之聯豈期幸會之來遂有瞻依之便恭惟某官文章領袖義道綱維秉彝全物則之初造道得安深之粹修天爵而得人爵果大展於鵬程以先知而覺後知信有如於麟趾惟十國爲連之廣藉一賢制難而安爰資黃髮之猷來應紅蓮之選運籌幄內誠知君子之優游補袞王前當慰中朝之後望某幸逢教育獲在宦游偶當塗加推轂之私致薄宦有攀鱗之寵靜惟愚陋其猶正牆面而立與倘藉提撕然後知廈屋之幪也靖言瞻後

罔磬敷宣

上王倅啟名瓌

監於方伯之國載瞻別乘之輝事其大夫之賢幸有居邦之便將寫心於旣見輒剡牘以先施恭惟某官學富天淵材優廊廟治風咸推於第一才名夙擅於無雙乃積乃倉紅腐盛九年之蓄有民有社弦歌同百里之風固將大展於鵬程詎可久淹於驥足矧斡元樞於紫極實爲舊物之靑氈風月平分王化已流於百里雲龍感會宸聰當悟於一言惟克究於經綸始不虛乎傾徯某

幸逢教育獲在宦游未施棫樸之材洊挹蓼莪之戚已孤素志尚復何心屬叨宰路之薦揚獲與漕臺之奔走靜惟愚陋其猶正牆面而立與倘藉提撕然後知夏屋之幪也靖言瞻後罔罄敷宣

上黃倅啟 名子渲

題別駕之輿遜瞻雋軌執皇華之御偶玷官聯往歲在時依仁不日恭惟某官相門英胄昭代貞賢接文獻以非遙挾聲猷而嗣顯宜橫騖於要路以大展於長才鄙水揚旌淹濟川之舟楫王畿弭轍目制物之權衡綽著

賢勞寢階臙仕進會府澔沱之寵與海沂被化之歌屬當千里驥足之馳行奮九萬鵬程之舉平分風月儼異時人物之遺芳感會雲龍見聖世公侯之復始獲陪多士幸綴末科一自叨逾僅遂拜親之志兩經遷思迄乖奉檄之心此身已分於歸田先達誤加於推轂遂塵漕幕得際屏星是邦事大夫之賢佇慰披承之素我心見君子則說庶諸親炙之私瞻徯滋勤名言罔旣

答武寧趙丞啟 名師淵

伏以振振公族素推一鶚之賢空空鄙夫俄拜雙魚之

寵未諸既見乃荷先施仰盛德之謙撝顧腆顏而益厚恭惟知丞朝議爲吾最樂大雅不羣強識博聞獨究儒流之學忠言讜論首爲異姓之卿暫遷作樹之宏才聊適哦松之雅趣雖未展鵾鵬之化已先寒雁鶩之心崔斯立不忍負丞佇覩施設劉子政乘來疑國當奮謀猷某賦性顓愚遭時教育方彈冠而筮仕遽枕塊以銜哀既乖奉檄之心已動歸田之興倘當路誤加汲引致微才獲與品題摳衣趨嚮何幸即披於雲霧濡毫握管愧無欲報之瓊瑤賄從徒勤名言莫罄

答汪通判啓 名德輪

伏審光膺細札榮貳大藩題別駕之輿指修程而暫駐執皇華之轡策蹇步以難追將諧旣見之心俄拜先施之寵仰承謙眷敢後懽迎恭惟某官鐘鼎象賢圭璋稟粹立身忠孝固知君子能事君經國謀謨咸曰相門眞有相早發儒林之藻亟揚仕路之鞭綠水泛漣漪標照日長途展驥逸駕追風復煩贊貳於名藩未究設施之遠業矧公侯之孫必復始豈州縣之職可徒勞風月平分王化佇流於萬里雲龍感會宸聰當悟於一言某賦

性頑愚遭時教育方彈冠而筮仕遽枕塊以銜哀豈期井谷之微獲際屏星之耀我心見君子則說奚啻披風是邦事大夫之賢尚期發藥

答李縣丞啟 名充

伏以桂館騰芳久欽先進松庭對詠尚屈宏圖顧積年懷仰德之私幸今日有寫心之見馳辭過譽拜賜懷慚恭惟某官學際天人識該今古仙窟衍蟠根之大文星標入夢之祥辭藻清新無復翰墨畦逕人物超邁是成朝廷羽儀惟有意撫民故不辭於貳令雖未展鵾鵬之

化已先寒雁鶩之心素位而行寧有負丞之歎得時則駕佇隆致主之勳某學愧古傳才非世用誤被王公之汲引獲陪原隰之驅馳引領旌麾何幸即拔於雲霧貢誠筆牘愧無欲報之瓊瑤

答張主管啟 名謂常州人

伏以載詠花封方仰甘棠之化作賓蓮幕復聞行李之來愧刻記之未遑拜朋緘之先辱恭惟某官學優聖閫譽藹賢關有德必有言信詞源之浩浩能定故能慮宜智刃之恢恢既屈用於牛刀當亟濟於鳳詔敢曰聲猷

之韜晦尚陪原隰之驅馳雖下僚貧軌則之循而使表有詢謀之益伊欲遭時而建策要當正色而立朝子房爲帝者師丕顯漢庭之懿範曲江有大臣節嗣揚唐室之芳規某學愧古傳才非世用矧連悲於風木已分處於田茅偶叨宰路之薦揚獲廁官聯之奔走靜惟愚陋其猶正牆面而立與倘藉提撕然後知廈屋之幪也載深瞻徯罔究名言

答危尉啟 名清卿

伏以訪名仙於隱吏思見其人傳尺素於遠方喜諧厥

志方圓遠逕愧荷先施恭惟某官識量宏深風猷超越
抉雲漢以分章酌大瀛而漱潤有德必有言信詞源之
浩浩能定故能應宜智刃之恢恢姑斂設施暫還警接
外戶不閉當觀孫椿之威坐席未溫行促鋒車之召某
賦性顓愚遭時教育方彈冠而筮仕遽枕塊以銜哀既
乖奉檄之心已動歸田之興偶當路誤加汲引致微才
獲與品題摳衣趨隅何幸即拔於雲霧濡毫握管愧無
欲報之瓊瑤

答黃僉判啟 名碩特奏狀元

伏以射策楓庭久仰裒然之舉作賓蓮幕未攄卓爾之才方期雲霧之一披敢意珠璣之先施謙光下逮慚色外形恭惟某官秉心塞淵好古博雅禮樂百年之先進文章一代之主盟京師號曰無雙久膾輿議天子擢爲第一果快攀瞻宜陪鴛鷺之行大展鵾鵬之運何乃英材之妙選尙淹盛府之元僚泛綠水而依芙蓉豈爲異數濟巨川而作舟楫行讚嘉猷某學愧古傳才非世用誤被王公之汲引獲陪原隰之驅馳小子不知所裁正資缺栖先生相與以義願施箴規

通宋漕啟 名若水

伏審光奉明倫洊更使節輟雋京兆平糴之惠任蕭相國轉輸之勤凡在庇庥舉深贊詠恭惟都運郎中毓岷峨之秀炳江漢之靈扶雲錦以分章酌天漿而漱潤先生晨入太學式慰青衿郎官上應列星行趨紫極由十道使者正艱其選而百辟卿士咸謂之賢爰自班行載詢原隰玉節肇揚於閩粵繡衣旋指於湖湘益增禮樂之光華復究德財之本末惟江右壤控國上流地廣而田多荒賦重而財益匱軍儲之輸既未定籍縣官之急

不止常租責以所無何異匿形而求影取之殆盡尙有洗垢而索瘢貪吏並緣而爲姦頑民淪胥而好訟勢既極矣公其念哉倘惠此一方俾遂其生則溢乎四海此爲之兆某謏叨舍選獲厠官聯學有愧於古傳才不堪於世用偶當塗之汲引備下幕以驅馳隨行逐隊無五善之陳尸祿素餐有三年之愧雖及瓜而代莫陪綠水之遊庶行李之來獲快青天之覩載深瞻徯罔罄敷陳

通林帥啟 名栗

伏以招諸生於館下昔瞻國子之師拜節度於軍門行

接河陽之幕僚修尺牘敢貢寸誠恭惟判府安撫殿撰大卿尚友古人潛心大業得乾坤簡易之理明春秋禮義之宗曾進易解春秋解有德必有言信詞源之浩浩能定故能慮宜智刃之恢恢惟飽仁義不願膏粱故視富貴有如土芥入則郎星卿月出則使節郡符未嘗枉道以從人莫非正色而率下善類由兹而嚮慕上心益注於倚毗爰升蓬殿之華載擁元戎之寄惟兹潛府素號名都陳太傅敦下榻之勤韋刺史著築隄之愛流風善政昔既有傳名公巨人今豈難繼行見化原之流布即爲政

柄之權輿某學愧古傳才非世用誤被王公之汲引獲陪原隰之驅馳隨行逐隊無五善之陳尸位素餐有三年之愧雖及瓜而代將歸守於田廬然行李之來庶一瞻於棨戟

答柳推官啟

右某啟羣騶執馭喜迎蓮幕之英才雙鯉傳緘俯及芹宮之下士重拜先施之寵深懷不敏之慚恭惟節推學問該通才猷敏劭作文章之伯固知崔蔡不足多游翰墨之場咸曰鍾王何以尚騏驥逞籋雲之駿鸞鳳呈覽

德之祥宜展嘉猷徑躋膴仕泛芙蓉而依綠水豈久鬱於此乎振羽翮而望青霄將直趨而上矣某謬當分教行獲親賢審聞都騎之來倍覺私心之喜老矣不能用也每懷瘝曠之憂忠焉能勿誨乎願賜提撕之益靖言瞻徯罔罄敷宣

上王漕啟 名同江西鹽移口西漕

伏審題膺帝制就易使華輟耿中丞平糴之司授蕭相國轉輸之寄僉言惟允屬部增輝恭惟某官宇量寬閎風猷超邁貞江左人物之秀由中朝文獻而來和氣春

風品物悉歸於長育青天白日愚夫亦覩其淸明自光華一到於南州而風采頓新於列部首揚淸而激濁益固本以培基雖有功見知宜副九重之前席然遣使得職又虞一道之攀轅爰徙行臺載將大漕允矣咨詢之素超然進用之階驪駕輦車豈復勞於游刃玄袞赤舄當大展於宏規某學愧古傳才非世用誤被王公之汲引獲陪原隰之驅馳幸昔年傾旣見之心喜今日有瞻依之便鱗攀翼附行登孔氏之寢門川泳雲飛願繼南陽之聽石載深瞻後罔罄名言

答喬學啓名夢符東萊門人

舍乃立之數亞

伏審題牘帝制就易使華輟耿中丞平糶之司授蕭相
國轉輸之寄僉言惟允屬部增輝恭惟某官宇量寬宏
風猷超邁眞江左人物之秀由中朝文獻而來學道愛
人將聞弦歌之化以文會友正資磨切之功顧尺紙之
未修忽明緘之先辱祇承謙眷益用靦顏恭惟某官學
海觀瀾儒林擢秀文章爾雅聿追西漢之風師友淵源
來自東萊之派允矣廟堂之器優哉民社之賢歲比不
登方講求於荒政公來何暮久屬望於邦人然甫田之

約園刊本

耗㴖止十千而重賦之蠲不過一二恐流離之未免柰征斂之尙煩求牧與獨庶幾有濟剝牀以足豈不重傷欲收尹鐸保障之功願布陽城撫字之愛聞名已久仰知臭味之同修敬云初敢布腹心之悃某受資樸野爲學荒疎冐當分教之司幸有親仁之便老矣不能用也每愧素餐忠焉能勿誨乎尙期發藥

答交代莫教授啟

游泗水之門禮樂夙欽於先進釆泮宮之藻步趨俄踵於絕塵譬諧既見之心愧荷先施之寵恭惟教授大著

同舍道尊顯契斯文學醇探本德厚鎮浮君子之道簡
而文孰窺涵養詩人之賦麗以則第見流傳狐羆傲兀
於深叢逸驥騫騰於夷路不俟虞庠之論秀徑上禮部
而登名既學古而入官要與人而爲善栽培甚力富廬
山合抱之材顧盼不遺收弋水空羣之駿究觀施設盡
置周行惟不求聞達於人故未免淹翔於外聿新衿佩
丕顯範模已知食葚之飛鴞其音載好宜作充庭之振
鷺厥羽爲儀矧諸公薦墨之交馳信萬里修程之直上
某昔陪俊造獲際容儀豈期會合於千百人中乃作交

承於三十年後世事眞如大夢夫復何言尊前看取衰翁可發一笑但以空疏之學來承矜式之餘已嘗經大冶之鑪錘其肯聽拙工之繩墨弟子笑於列預懷納侮之慚先生相與言願賜告新之誨歸依之至梗概於斯

通何通判啟

薄采其藻將爲泮水之游言觀其旂幸際屏星之照方仰二天之託庇敢稽一紙以陳情樸拙無文僭躐是懼恭惟判府大中奎躔孕秀嶽鎭炳靈抉雲錦以分章酌天漿而漱潤剛大直方之氣養之以中和雄深雅健之

文發之於禮義悠乎游刃坦若靈襟一時風月之光萬里雲霄之步高情邁往聲華果擅於題輿淸德照人餞飲何妨於酌水籍甚海沂之詠流聞畿甸之郊佇聽褒遷亟躋華近某才能譾薄學問空疏試吏三年莫贊籌於蓮幕居閒五載復分教於芹宮自慚德之不修已覺老之將至恐未免官長之罵豈足爲學者之師幸在下風獲依崇庇到廣文之舍固不辭官冷客寒事大夫之賢雖有望海涵春育載深瞻依罔罄敷陳

通徐通判啟

言念親夫子於西京市僅俄頃間仰盛名如北斗高又二十載方將展事賢之敬詎容通懷舊之情惟理義之所同匪尊卑之有間禮則分定心以書傳恭惟判府寺簿剛大養源誠明篤志議論深明乎治體文章夐出乎時流周禮致太平之書講之有素漢庭求方正之士言也無煩是宜爲國子先生其可處治中別駕靜究名公之出處益令我輩之咨嗟委質立朝要在有爲而有守當職論事詎容相熟以相同夫何一形於言辨之間便乃不取於朝廷之上競愛濃陰之桃李惟憐特操之松

筠風月平分何妨嘯詠雲霄闊步第見昂藏惟君子能素位而行在野者則引類以進已見拔茅而連茹罔有遐遺行看大木之爲宗獨勝巨任某才無所取學不自強尚論古人雖信有爲亦若是退省終日欲求寡過而未能奚敢遽爲人師蓋亦謾爲祿仕念平昔願承於矩矱乃暮年獲際於門牆竊深喜幸之私猶恨遭逢之晚老矣不能用也惟嗜學以難忘忠焉能勿誨乎願指迷而不倦我之懷矣公其念哉

通太守張伯垓啟

伏以下車修庠序具瞻千里之師繫馬到階堂偶玷庶僚之列顧樗散莫適於用望牆仞豈得其門惟久服於威名庶獲傳於教令欣逢嘉會敢露愚衷竊嘗原聖人建學之規蓋灼見天下秉彝之性悅理義本猶芻豢或放而不求立教化以為隄防庶知所自反爰廣明倫之地俾知樂善之方讀帝王之書所以陶冶此心親師友之訓所以切磋此道使視聽言動率順天則而孝弟忠信宜與性成遂還民俗之大醇莫匪人才而可用古道浸遠士風益衰濡毫握管者誇文墨之場發策決科者

號進取之地既本衰而源遠果言絕而義乖浮華習成
廉恥節喪第以口腹之害爲心害烏知聖賢之心同我
心不有哲八孰開後學恭惟判府都運判院道爲領袖
學著範模惟有德必有言故文無滯思惟能定後能慮
故事靡留難風雲既入於壯懷盤錯不勞於餘刃首宣
威於北部嗣分教於東生載揚百里之弦歌亟總四方
之章奏夷險不更於一節內外靡見其兩心石棧天梯
歷蜀道山川之遠銅符玉斧廣堯天雨露之恩使指益
明上心所鄉惟茲古歙實拱行都植屏建侯尤重藩宣

之寄承流宣化爰咨師帥之賢果聞期月之間大布陽春之令教形閭里福被京師端由律琯之召和有甚置郵而傳命孔淑不逆鴞音已集於泮林式遄其歸鳳詔盍頒於天闕某幸蒙教育獲齒官聯策名有二紀餘考績僅三載罷且居貧而辭富豈曰人情儻屈道以伸身實乖古訓故不敢次且其態以妄為徼倖之圖自慚德之不修已覺老之將至趨嚮既乖於流俗聰明不及於前時常恐到官或困廣文之罵何期作吏獲刷壁中之塵雖坎井未覩青天而奴隸咸知白日樂君子之易事

信吾道之不窮但無韓愈文辭其敢招諸生而誨幸侍魯侯色笑庶幾廣多士之心盛德在金少昊執矩顧庇衽饔之奉卽躋荷橐之班其爲詠瞻不可言旣

通黄倅啟 名炎

題別駕之輿正傾羣望采泮宮之藻偶玷庶僚方將事大夫之賢奚敢後隸人之敬辭鄙義拙誠意著深恭惟府判大中德懋而新氣剛以大博聞強識獨師古道於聖賢往行前言來自中朝之文獻何幸故家之俗見茲君子之人百里扇和春風桃李一臺賛畫秋水芙蓉人

聞愛而誦之公曰職當然耳矧同流於王化知不憚於賢勞豈惟從事之餘分一時之風月行見執邦之貳納千里於陽春某久矣歸愚茲焉分教念昔居桑梓之地亦嘗瞻桃李之春忻聞都騎之鼎來倍覺私心之遐想靜惟愚陋其猶正牆面而立與倘藉丼包然後知廈屋之幪也載深瞻徯莫罄敷陳

答梁縣尉啟

伏以訪名仙於隱吏思其見人傳尺素於遠方喜諧厥志未遑遠迓愧荷先施伏惟仙尉朝議閥閱名家膠庠

俊士博聞強識獨師古道於聖賢往行前言來自中朝之文獻且公侯之孫必復始豈州縣之職可徒勞惟有志於事功故不辭於警按外戶不閉行觀綵棒之威坐席未溫佇聽鋒車之召某謬當分教幸獲親賢忻聞都騎之來倍覺私心之喜老矣不能用也每懷瘝曠之憂忠焉能勿誨乎願賜提撕之益其為瞻儀罔罄敷宣

答趙倅啟 名希明

振振公子屈貳价藩空空鄙夫謬尸泮水側聽郵音之播擬修贄見之恭忽魚素之辱臨登龍門而來貢惠出

非望得之若驚恭惟某官分日觀之輝受帝衷之粹文章光豔未甘為李杜流師友淵源直欲儕游夏輩研易道精微之蘊期聖門廣大之歸講習得朋深明麗澤動靜適道益體乘山宜盛德之光輝動羣心之嚮慕屏星在望已聞道路之騰歡泥軾來臨行見江山之改觀豈特同流於王化佇觀大振於儒風修天爵而人爵從特為餘事用宗室而王室固願展嘉猷某識惷且卑學疏而拙雖兩載淹留於學館然多士未廣其道心職既有瘝教徒知困老矣不能用也幸依逖驥之蹤忠焉能勿

誨乎願發醯雞之覆載深瞻後罔既敷宣

答黟縣簿啟 名袁孚

祗奉訓辭簡稽邦邑清通之譽久矣在人簿領之功可以觀政拜尺書之委覘知都騎之鼎來望履有期開緘增喜恭惟某官好修之節尚有典刑更品之評最高輩作增是扶搖之始不卑枳棘之棲寄徑則然飛聲未艾小物不廢君子於此盡心眾賦以平斯民亦將受賜某鄉風自昔覿德從今期奉從容之談盡洗塵陋愧無便敏之牘少謝珍投瞻遡之深占言罔既

答黟縣宰啟 名公炎

佩維新之命來蒞雷封眷獨冷之蹤首貽緘貺承顏有日甚喜何言恭惟某官行稱其文才周於用友天下之士既尊所聞開室中之藏益昌其學可稽臺閣之選屈處子男之邦都騎在行齊民望賜諸傅有治縣之譜諒講習之已精藍田立盛德之碑度鐫磨之未晚式攄素蘊以階顯庸某尚遲半紙之恭先枉一函之聘嵇子不敏愧乏酬書之詞武新未工倚見受人之效眷言瞻徯罔罄敷宣

答祁門于尉啟名雲

學者同遊恍如昨夢宦途相遇各已衰年重拜書辭眞誠感慨恭惟某官學爲世用才與行俱豈伊黄綬之階可屈青冥之步周章若此遲暮謂何仕無崇卑隨處可以行志民有憑藉吾黨庶幾慰心某自歎久睽將求新益離羣而老於西河之上恐凋落於舊聞論文而賦樽酒之詩喜陪從於淸話斐然報施跂以望塵

答祁門趙軍啟善壤同年

聽楓宸之唱夙從後塵備芹宮之員行瞻前旆未遑刿

記先辱飛緘深慚不腆之蹤莫稱先施之寵恭惟某官
銀潢疏派玉琯飛和澥雲錦以分章酌天漿而潄潤剛
大直方之氣養之以中和雄深雅健之文發之於禮義
恢乎游刃坦若靈襟一時風月之光萬里雲霄之步高
情邁往聲華果擅於題輿淸德照人餞飲何妨於酌水
籍甚海沂之詠流聞畿甸之郊佇聽褒遷亟躋華近某
才能譾薄學問空疏試吏三年莫贊籌於蓮幕居閑五
載復分教於芹宮自慚德之不修已覺老之將至恐未
免官長之罵豈足爲學者之師幸在下風獲依崇庇到

廣文之舍固不辭官冷客寒事大夫之賢實有望海涵
春育載深瞻徯罔罄敷陳

舒文靖公類稾卷之四

舒文靖公類稾附錄卷上

鄞後學徐時棟同叔輯校

學案第一

按曰先生官不過通判所設施不過校官縣令而天下後世望如山斗者重其學也故輯附錄首學案讀其書尙論其生平故墓志及正史省府縣志諸傳次之聞其風者百世興起故祠塾墓田諸記又次之而以同時與後人哀悼贊歎之文若詩終焉

廣平學案

餘姚黃宗羲棃洲原輯

鄞　全祖望謝山修補

祖望謹案楊袁之年輩後於舒沈而其傳反盛豈

以舒沈之名位下之與嘻是亦有之然舒沈之平實又過於楊袁也四先生中沈先生師復齋宋史混而列之謬廣平定川學案按曰梨洲作宋元學案四明四先生並在學金溪學案中謝山始立慈湖學案絜齋學案而廣平與定川同案同卷故其小序如此今但錄廣平學案如左○元本黃全二先生各有案語道光間鄞王梓材䕶軒重校慈谿馮雲濠五橋付刻又各有案語今錄諸案語悉仍其舊稱臆見所及則加按曰二字以別之至䕶軒校此書時以己意移易更置甲記乙事輒移附乙傳之後我論他儒即移入他案之中即如廣平學案梨洲所錄類彙八條移去二條謝山補錄二十一條移去三條今各窮之於其所往歸復舊貫而亦注明條下學人得共參之也

文靖舒廣平先生璘

舒璘字元質一字元賓按曰文靖之友如袁正獻楊文元樓宣獻諸文無不字文靖爲元質者獨陸文安答書稱元賓疑元賓蓋文靖初字而寶慶四明志果云舊字元賓然則宋史以後謂一字者非也又按宣獻書李氏建炎備禦錄及李承奉墓志又字文靖爲元彬按彬字似從質字而出疑文靖既改字元質又改元賓爲元彬耳奉化人也婦翁爲同里童大定楊文靖公弟子也故先生少得聞伊洛之說先生狀貌不踰中人而雅有大志恥以一善自名每自循省苟不聞道何以爲人汲汲乎如饑者之索食遊太學結交皆良友時張宣公倅中都請益焉有所開警朱子與呂成公講學於

癸徒步往從之以書告其家曰徽州疏廚總是佳趣櫛風沐雨反爲美境又與其兄琥弟琪同受業陸子之門兄弟皆頗有省悟先生則曰吾非能一蹴而至其域也吾惟朝夕於斯刻苦磨厲改過遷善日有新功亦可以弗畔云爾於是躬行愈力德性益明其學以篤實不欺爲主成乾道八年進士爲江西轉運司幹官有忌之者望風心議及與之處了無疑間教授徽州徽之士習久壞先生奮然曰士之美惡獨不在我乎則以身率之教以日用常行之道諸生漸知所向方先生不憚勤勞日

日詣講隆冬酷暑未嘗少怠築風雩亭以時會集暮夜亦間往日有講求涵泳之功質有頑鈍不善者循循善誘不敢加忿疾端榘矱以感格之謂諸生曰某亦幼不知學及壯入成均藉師友發明以拯淪胥之患今欲以其所同然者公之君輩新安宿儒楚椿汪廷佑等先生以書幣延之爲學正有辭不至者卑詞宛轉託其親友以致之使學者知所矜式又著詩禮二解以授學者時沈公叔晦爲國錄先生曰師道尊嚴吾不如叔晦若啟迪後進吾不敢多遜於是司業汪逵首欲薦先生或謂

舉員已足遂曰吾職當舉教官舍元質其誰先卒薦之留丞相正曰天下第一教官也而徽人亦曰吾鄉學問之途賴先生窒而復通先生素以天下爲己任雖居冷官未嘗忘世事時時爲徽之牧守言荒政茶鹽常平義倉役法皆鑿鑿可見之施行牧守雖不能盡用間有所採尤留心中朝治亂之故樓宣獻公授舍人先生貽之書曰十月震電甚異大防當思所以爲宗社久安計不敢以賀詞進寧宗卽位先生貽徐忠文公書曰聞山陵地尚未定聞大安宮只就南內又聞新君猶未得躬問

寢禮不審遲疑何故某憂國之念搖搖如縣旌又曰民命病極矣水災甚廣中朝曾作利害事拈出否又貽陳郎中英仲書曰集賢總百官按曰類稾此何作集賢舉言官且自注云趙子直也此似誤晦翁侍講席諸君子亦次第位乎朝矣而傳聞時政尚猶伴渙事固不可以驟然今日諸賢大約回護之功多而誠實之意少上焉者議論不切事情下焉者祇欲相安無事雖有憂國之心未有善後之機日復一日機不再來甚可憂也及聞諸公多求退先生又貽之書曰某不勝杞國野人之憂若皆相時潔身以退緩急將

誰任已而朱文公等相繼去國先生歎曰吾輩短氣矣呂忠公南歸先生貽之書曰所冀緝熙學力不磷不緇否泰循環吾道未必終窮也蓋先生之惓惓世道者如此初諸公欲薦先生皆力止之曰是非吾志也其後自禮部尚書尤袤以下推挽者衆不得已受之然不稱門生嘗答諸舉主書曰利欲之移人孔門自顏閔之外如仲弓子夏子路子張之徒皆未免厥後士益失己僥倖於富貴利達者衆而孟軻氏灼見義理之原欲挽其弊而返之於是有龍斷之喻墦間之喻鑽穴之喻所以起

天下羞惡之心而世莫之聽上之所謂旁求俊彥旣喪下之所謂素位而行又乖故上則挾富貴以臨下下亦冒廉恥而干上薦之者旣自以爲恩於彼而受者亦以爲恩於我遂使聖人舉賢之公道一變而爲干祿之私情拜爵公朝謝恩私室門生恩府之稱自唐以來數百年名卿大夫亦未能變豈不曰人皆有欲貴之心人應有報德之事彼旣以知己遇我吾不委己而歸之非人情歟抑不知古人之事上苟理義相同則志意交孚其合也講道於一堂其暌也晤對於千里出處用舍禍福

利害其關節脈理之相應雖無私情之感而斷金之利蓋有終其身而不忘者茍其舍是而必欲委己以露其感恩之狀所舉賢邪知己之報固當不然見利則逝見便則奪而亦何恩之有蓋勢利之交出乎情道誼之交出乎理情易變理難忘也諸舉主得書亦雅重之遷平陽縣以太守政頗苛舉民病上告辭嚴義正太守爲之改容聽斷訟獄人服其平踰年自喜曰簿書鞅掌幸不至以勞勩喪本心蒙雜而著聖言豈欺我哉秩滿遷判宜州未赴卒徽之士子祠之學宮楊文元公嘗曰元質

孝友忠實道心融明袁正獻公則曰元質平生發於言語率由中出未嘗見其一語之妄所謂有孚盈缶者樓宣獻公亦曰元質如熙然之陽春所著有詩學發微詩禮講解廣平類藁雲濠案史傳詩禮講解作於教授新安時今佚文靖集二卷行世淳祐中賜謚文靖董沛按曰謝山答萬九沙問史樞密兄弟遺事帖子云淳熙四先生之沒朝堂賜謚祇及楊袁沈而未及舒樞密始與本道節使言之合其上請而並賛於朝廣平得謚文靖原注見四明文獻沛案樞密者宅之也宋史宰輔表史宅之以淳祐八年守吏部尚書同簽書樞密院事其與慶元制帥爲廣平請謚書在鄭榮陽四明文獻中○按曰袁正肅作先生祠記謂某假守新安嘗爲先生請易名於朝卒未果遂倘申前請必有慨然主盟斯道者然則樞密之請實正肅意也先生嘗自言樸拙不能

文章然淳祐詔正文體特舉先生文稱其厚重質實以爲世鵠予求得其類稿殘本讀之則固德人之言也五子曰鉼鉦銑鍇鐻皆能傳其家學未嘗一毫苟求鉼爲沈端憲壻銑爲楊文元壻按曰鐻爲袁正獻壻亦見文元撰文靖墓志中不知何以獨略又按鉼字和仲正獻與和仲書稱之爲親家契兄正以其弟爲己壻故也故書中尤拳拳於純仲純仲鐻字○修○按曰棃洲元有而謝山增修之則注修字補其所無則注補字元刻體例如此今仍之

祖望謹案甬上四先生之傳陸學袁楊以顯達其教大行然較其年齒資格則在舒沈之下宋史作舒沈傳寂寥短簡不足以見其底蘊棃洲始求得

廣平類稾殘編其中有足資考證者予因據之別爲舒傳又近得定川言行錄因據之別爲沈傳徵特學案所闕他日有重修宋史者亦將有所采也

夫

廣平類稾

成物之道咸在吾已我念無虧精神必契一或有欠無限格言總成虛語端知爲己之學誠不宜一毫有虧損也按曰此下八條皆黎洲元本

持敬之說某素所不取按曰某者文靖自謂也類稾作汝疑誤其他此引與稾小有異

同而義可兩通者不復校注我心不安強自體認強自束縛如篾箍桶如藤束薪一旦斷決散漫不可收拾理所宜然夫子教人何嘗如是入孝出弟言忠信行篤敬出門如見賓使民如承祭此等在孩提便可致力從事無數則此心不放此理自明以上答葉養源

此身不過天地間數十年之物而昭然理義蓋千古不磨平時要著明處不可以數十年之物而失其所謂不磨者與呂子約

本原既明是處流出以是裕身則寡過以是讀書則畜

德以是齊家則和以是處事則當答袁恭安
晦菴當世人傑地步非吾儕所及其有不合者姑置之
向在新安未嘗與諸友及此後有發者能自知之後生
未聞吾儕之論一出便生輕薄心未能成人反以誤人
答孫子方○按曰此條王校移入晦翁學案
書曰德惟純一按曰書無純字動罔不吉純一是心乃克主善
善爲吾主動稱皆應雖酬酢萬事罔有他適則向之所
謂雜者自無所容立矣不然雖外境若相宜而失己殊
甚欲其日新難矣答趙公大○按曰郎類稾中答趙通判書

西美先兄進學之初親庭甚喜先妣未能無疑一日問曰為學儘好萬一飢餓如之何曰按曰類稾曰字上有先兄謹對四字似不可省飢餓自當順受若不知學必須隕穫失措寡廉鮮恥惟知學乃能安於義命隨順區處終不至喪身失節子曰君子固窮小人窮斯濫矣妣氏聞之乃釋然大喜按曰此條王校移附西美傳後

平時以聖賢經書前輩議論妝裹作人自己良心先不明白一旦處外境不動難矣哉以上答劉淳之

宗義案廣平之集久不傳矣近得之其子孫所論

常平茶鹽保長義倉荒政皆鑿鑿可見之行事而言學者甚寡則其遺逸者何多也今刪節一二亦可以知其大槩矣按曰孔孟重事功後儒尚性理乃至以鑿鑿可見施行之論謂非言學則政事言語非聖學不得在四科矣眞不知儒者所學何事

家庭鄰里蕩子弟耳目者不少所藉以浸灌者特指授間示之言行規矩俾觀感於精神之妙皆葉菁源○按曰此下二十一條皆湖山補補本又按王校非但移此條於彼案節一條之中亦多變亂次序淆雜元補今分別兩家而各以類彙元第爲先後

象山行狀載有子伊川事鄙意謂此等未易輕以告人情欺蔽道心不著不知者徒生矛盾既知之彼自能

辨此問尊晦翁學甚篤某不暇與議按曰此問一句類稾無蓋編稾者諱而刪節之不知尊聞行知各有所見何可諱朱陸異同後世誰不知何必諱況類稾第一篇卽是答晦翁書已不滿於晦翁又何獨諱此耶

良心既明往往不告而知用是益知自反不敢尤人與楊敬仲

祖望謹案此條不無可議末一句則聖學之至醇者

某人去國彈章與所聞皆合不知此老何事至此隨物變遷學問不見實地吾儕正自可畏相與勉進以堅己爲幸與袁和叔

吾友筆下取科第有餘然所歉不在此只大本未明故

筆下多不貫爾答袁恭安○按目元多字下闕五格今据類藁節補

所示太極說謂易之極即心之極甚善人皆有此極而不自明無他私念障之也答沈季父○按目此條王校移附於定川學案中沈季父傳後

與世不偶此不在他人更須自反使在我日用嚴密人當自信若彼此立見非無我之道答孫子方

六經旨趣深長平時學有根源發之言不可揜近人欲務新奇巧於穿鑿輕躁浮露殊乏器識通都漕

吳兄趨向甚佳更乞相與切磋毋逐外毋守氣反觀內

省以充厥德與江司法

吾人生平所志期不負所學中都臭味頗薰炙人造道如子宜知不可汩要須惟日孳孳簡易明白以滌盡利祿境庶此志獲申答徐子宜○按曰此條王校移入徐陳諸儒學案

郡庠規模只如家塾日導其良心俾知與聖賢不異按曰元刻脫知字而衍於行末間字之下今據類稾乙正就日用間簡易明白處與之講究勉焉孜孜不敢責效答袁恭安○按曰郡庠上類稾有今不敢作四字元書以徽學養士無貲日僅給四十餘人故云今不敢作郡庠規模云云今節去上文但錄郡庠云云語亦通而意與元書迴別矣

平生荷師友箴警至頑不入處雖叱罵亦欣受答徐主簿

人之良心本自明白特患無所感發一朝省悟邪念釋除按曰此四字類稾無疑是稾脫志慮所關莫非至善

爵祿甚輕名義爲重以上與樓大防

良心之粹昭如日月無怠惰鹵莽之念則聖賢可策而到與汪清卿

窮達外境無累厥心與黃子耕

人心易明亦易惰按曰類稾無此句有曰心懈則亦易惰語意相類疑謝山節本此○孫德祖按曰類稾原刻此句脫心易明三字或以意擬補重刻初本仍之及得完本校正則與學案所引無異也

羅氏子進學不怠向所得全是釋今轉得甚端的以上與徐子宜○按曰此條王校移後爲羅子有傳

平生志趣不敢爲矯激事但覺汲汲於利祿求薦與夫委身入門皆中心所不安故不爲答薛象先

朋友在利達者類不滿人意故之官不敢入都答劉淳之○按曰元脫正文之字及引目四字今据類稾補

耳根易熟要須成德爲行乃爲實地答楊敬中

好樂貪羨之心掃除不盡是心終不獲與聖賢同蓋天之付與於我者其良心之粹無好樂無貪羨擴然大公

惟理之順聖賢先獲我心之同然故窮達用舍安於理義之常謝傅潛薦與尚子

祖望謹案先生有謝薦舉啟云欲貴雖人心所同枉道則君子所恥苟非其義而祿以千駟寧爲之範而不獲一禽故道可爲邦甘居陋巷人爭言志獨樂無雩同非矯激以沽名是乃從容而就義某質則甚陋學不自強尚論古人雖信有爲亦若是退省終日欲求寡過而未能一覘頽風益乖雅志富貴是所欲亦何至求龍斷而登妻妾尚知羞又

豈可乞墦閒之祭方將辭尊居卑而辭富居貧敢意以賢詔祿而以功詔爵忽蒙特達莫稱奬提所到未可量殆使益堅其素履我心不可轉庶幾無負於殊知若乃（按曰類稾二字倒似較勝）私第公朝古人至戒門生恩府叔世鄙辭既非先進所樂聞亦豈後生之敢效先生不以文自命然如此駢語非浮溪野處所能爲也

雲濠謹案謝山爲四先生祠堂碑文云廣平經術深於詩禮而尤爲吾鄉說詩大宗又案謝山奉臨川帖子一日舒公廣平之在陸氏猶朱子之有勉齋也聞人有詆朱子者廣平輒戒以不可輕議則

必欲排朱以申陸者非眞有得於陸可知

廣平家學 按曰近刻學案多爲後人竄亂不盡黃全元本故其全書體例時覺煩項無緒兄弟爲同

案諸子爲家學孫曾爲續傳乃若尊行則必不入案中但於姓名下注系屬而已即如廣平學案以兩兄載廣平之後以五子載廣平講友同調之後而標爲廣平家學以兩從孫載廣平門人之後而標爲舒氏續傳至廣平之父與婦翁皆入龜山學案而卷首廣平姓名下注云德觀子童持之增考廣平婦翁童通判爲龜山門人入龜山學案是也若廣平之父承議則於楊氏全無瓜葛徒以承議與通判親家而遂以承議牽連載入通判之後特標持之講友四字以附合之則何如載承議於廣平家學中之爲著明而親切耶且門庭授受悉見淵源授之其子爲家學而受之其父者謂非家學無是理也付之其子爲家學而傳之其孫者謂非家學無是理也今移龜山案中承議冠西美之前併本案中通叟二人附和仲諸人之後而盡以爲廣平家學云

通直舒德觀先生澈 按曰通直當作承議考先生致仕轉通直郎後以明堂恩進秩承議見慈湖撰文靖墓志故文靖撰先君壙志稱承議公

舒澈字德觀 按曰壙志云字德濟言行考云字德觀一字德濟 奉化人廣平先生璘之父也 按曰依西美等傳例字德觀下當作文靖父也四字以在龜山學案中故特加詳耳

最與童持之講學相睦陸文達復齋謂其溫恭足以警傲惰之習粹和足以消鄙吝之心蓋亦學有原本者 按曰壙志云先君忠厚誠篤敦行孝弟尚論古人必以檢身夷考載籍務明治道聲色貨利不入於心故處家庭在鄉黨守官涖民咸有典則可紀述

持之故龜山弟子也遂爲廣平婦翁

補□按曰壙志稱文行重於鄉以七十上禮部對策入等授右迪功郎贛州贛縣西尉任滿循從事郎監行在

贍軍激賞東庫再監潭州南嶽廟致仕轉通直郎按學案中他傳皆敘官閥而謝山補此傳獨略之豈未見壙志耶

鄉貢舒先生琥

舒琥字西美文靖兄也鄉貢進士其學於陸子兄弟家居講貫若合符契罔有差別陸子稱其樸懋無他蹊徑云按日楊文元撰文靖墓志云西美任國學

舒先生琪

舒琪字元英文靖弟也其學於陸子家居教授鄉曲子弟亹亹可觀慈湖雅重之按日象山與西美書云元英春間相聚始初亦間關既而

感發端的臨別時留略箴其自喜過當既
過暨陽便悔所以箴之者適所以病之
按曰文靖兄弟七人長琬字傳正進士福州簽判
樓宣獻謂其負氣敢言又盛稱其尉武昌政績次
琰字傳道三球字東美進士潁川太守四琳五郎
西美六郎文靖七郎元英按宣獻祭簽判及文靖
文云猗歟舒氏何其多賢兄仲飛英俱是少年西
美元英既已玉折於往歲所賴以主門戶者惟傳
正傳道元質之鼎立而乃相隨於九原又云嗚呼
天之於舒氏何多予以才而不使究其用不予以
利祿而強其名豈名者造物之所甚貴有非利祿
之所均耶然則兄弟多賢可傳者不獨陸門三弟
予惜文獻無徵不能考其言行
然如宣獻之稱簽判亦錚錚矣
又按曰文靖作從兄伯禮壙志云某之從兄伯禮
諱琮父諱黼兄幼在家塾聰敏秀出作詞賦講經
理輩行不能企及年二十四與鄉薦連上禮部不
偶淳熙十一年以特恩射策中甲科授登仕郎入

選授廸功郎調處州麗水主簿轉修職郎到官百日歿某慨念先伯父文行表後學其就而請業非齋遨不敢近口授指畫詰巧者名獨乃齋志以歿幸兄克脩厥德學業精勤踐行篤厚不墜益自勵與年俱進文無滯思辭簡潔而意已獨到父母終兄弟情不忍與間言人耳則嚬聲叱之故終其身門戶如一涖官未幾上下交孚其歿也守倅僚佐歸賻有加同僚典喪事無不勉學校諸生逮吏民祭庭祖道哭泣盡哀乃去噫是固不可强而得也云云按文靖兄弟及其五子皆無甚事實學案中皆爲立傳而其從兄伯禮兄子子春文靖皆詳述其學行而皆遺之又文靖父傳寥寥數語并仕履亦不之及豈黃全二先生所見類稟殘編無墓志耶然黎洲撰竺大年傳其案語全本之文靖所撰大年母舒氏壙志中舒氏爲文靖從兄之女志中稱之以君黎洲誤以爲稱其夫頎遂以母語當父語然則亦非不見墓志者矣疑之

學士舒先生銒

舒銒字和仲文靖之長子純仲其弟也袁正獻公嘗與先生書曰賢昆仲朝夕歡聚浸淫磨礲有日新之益此乃兄弟爲友朋也甚善更宜日課一經一史尤佳學者但慕高遠不覽古今最爲害事子路曰何必讀書然後爲學夫子曰是故惡夫佞者是雖聖人於書不敢廢況他人乎純仲近讀何書更在賢伯氏程督之耳 補

祖望謹案正獻公與先生帖蓋在守江州之時帖尾淳淳勸讀書嘗見延祐慶元志中 按曰至正四明志也云延

延慶元志誤且宋寧宗雖改明州爲慶元府然吾郡宋元各志皆稱四明從無以慶元名書者載正獻一帖亦答舒氏兄弟者大略與此相同深戒學者務高遠而不覽古今此是當時爲陸學者之習氣正獻及之不一而足可以知陸學本不如此及其流弊至於如此則是傳子淵包顯道之徒有以致之而楊袁不附也故延祐志所載帖極稱慈湖之讀書按因此可誤也正獻帖中無此語按至正志載貢文忠跋傳正夫所錄慈湖訓語極驗諸公之篇識綠詞訳心思發持守試空妙略事爲所謂極驗慈湖讀書者指此而文忠此跋適在王尚書跋正獻帖之前故湖山誤記耳此帖正可彼此互相證明

陸學精處正在戒學者之束書不觀游談無根學者可不戒乎

舒先生鉦

舒先生銑

舒先生鍇

舒先生鐻

舒鉦舒銑舒鍇舒鐻皆文靖子而和仲之弟文靖既沒諸子壹遵先訓秩然有倫相勉以善道鄉黨中以爲儀表云參袁絜齋集○按曰此袁正獻撰徽州文靖祠記語也正獻又與和仲書云賢伯仲謹守先訓未嘗

一毫苟求人皆歸重先大夫於是乎有子其後袁正肅撰奉化文靖祠記云與先生諸子交益知家法之懿閫族眾居交相敬愛按合正獻父子語觀之可以知文靖諸子矣

梓材謹案文靖之子有字敬仲字純仲者未知於四先生何當也〇按曰敬仲不可知若純仲則鐻字也至正志載正獻答和仲書首云純仲近日不倦讀書否此事不可緩究心於此當自知之和仲倡率之則令弟晉從之矣又云純仲氣質亦佳又得諸賢兄旦夕磨切之所學當日進矣鮚埼亭集載正獻與和仲帖亦云純仲近讀何書更在賢伯氏程督之按鐻為文靖季子而正獻之埇故正獻兩與和仲書勉其兄弟而獨呼純仲之字諄諄誨之且有諸賢兄之語然則純仲之為鐻字可斷斷無疑也

按曰文靖撰兄子子春墓志云予兄弟遊學四方受師友開悟歸與鄉人士共學伯兄之第三子銳

氣稟淳厚感發之機特敏讀古人書善自涵茹其屬文攄發胸臆雅健舒暢事大母母竭力承志無違躬家務不辭勞雖至繁劇經畫有敘事畢燕坐讀書平居簡重言不妄出與之處者潛格其非人或有爭則徐以言開之靡不降心以聽惟其克踐所學儕輩期爲遠器不幸年二十六而終云云據此則子春亦廣平家學中人矣子春文靖伯兄琬之子

郡守舒先生津

太學舒先生滸

舒津字通叟文靖之從孫也按曰文靖季父黻之曾孫登景定三年進士第遷太學博士知平江府按曰成化四明志云滋政勤敏雅志澹如所謂貞固立功者也弟滸按曰言行考同成化志及兩浙名賢錄云是從弟字平叟景定八

年入太學按曰名賢錄作元年又按乾隆奉化志謂登景定三年進士任永嘉縣尉誤也通叟讀書續學按曰成化志云嘗博采傳記著續蒙求尚書解春秋集注十七史綱目奉化志云續蒙求八卷述三王至五代事王尚書應麟爲序平叟清苦獨立按曰成化志云講明正學雖寒暑弗懈所謂履道坦坦修身見於世者也嘗著易釋繫辭釋名賢錄云易釋二十卷繫辭說三卷奉化志云國博翁巖書序又有讀史隨筆五卷心書六篇江軒記拙稾十五卷王尚書序名賢錄讀史作讀書心書六篇作心經六卷無記拙稾皆傳其家學者也按曰成化志名賢錄並云一門經學人謂得於文靖之所傳授

○補

按曰王尚書廣平書塾記云先生有孫泌明經世其學晚始對策集英典教象山縣庠年七十一挂衣冠歸老故里留置閫幕不就退而抽櫝書啟迪後昆追先志與飾廣平書塾帥子若孫暨宗族之

秀朝益暮習春秋舍菜先聖歲時朔望謁祠齒拜講說冠履翼如絃誦藹如按文靖有孫爲厚齋先生所稱如此不知何以不爲立傳而但傳其二從孫已也又按謚字子和曾堅作文靖墓田記謂爲楊文元外孫則子和乃文靖第三子銑之子

又按曰文靖第四兒琳之孫名瀛字登甫寶慶二年進士任西安縣尉以汪寇煽亂倡義捍敵死之見家則堂奉化縣忠節四公祠堂記及景泰奉化志中文靖有此從孫道學之後繼以忠節是亦廣平家學之光也學案中例不宜略之

廣平師承

按曰王校元例於卷首姓名下先注尊行系屬次注某某門人而所題某某或以別號齋館或但稱某氏其人稍晦即令閱者茫然愚謂授受至重當特標師承名目列序姓名有專案者注云自爲某某學案見前卷者注云已具某某學案或不詳其師友但知爲某先生之師而其人又未能立專案者與其强

附他人案中不若著傳弟子卷內如是則爲家學爲師承爲學友爲門人一展卷而學問淵源瞭如指掌矣至卷中次序有祖父傳者師承當後於家學若僅有子孫傳者家學祇先於門人○又按曰此卷元注云德觀子童持之壻晦翁南軒東萊象山老楊門人雖不云持之門人而此案文靖本傳實謝山所修補傳首即言婦翁爲同里童大定楊文靖公弟子也故先生少得聞伊洛之說又謝山序類稾云文靖之學得之於其婦翁童持之是謝山以文靖爲出童門無疑類稾序又云文靖未成進士又受業於張南軒因偏求益於晦翁東萊而卒業於存齋淳熙四先生中莫若文靖之淵源爲最博至文靖爲老楊門人則謝山於象山學案老楊傳四先生祠碑陰及答李穆堂問淳熙四君子諸文屢言之然則卷首之注雖出自騰軒其實皆本之謝山者也今從其說列敘諸先生姓名如左童楊二先生不大顯於世并從他學案鈔錄元傳雖然鄙意則尚有不能無疑焉考宋元以來同時後輩之稱文靖師承者從不及持之文靖娶持之女見楊文元所撰墓志志中未嘗不數文靖

師友而亦不之及也至志未書妻子云配童氏奉議郎大定持之之女若果翁壻爲師弟豈至是而猶略之乎謝山以持之爲龜山弟子艷其源流遂謂文靖聞伊洛之說於婦翁然焉保童夫人歸文靖時不已爲孤女乎是文靖之師持之未有他證殆出謝山意度而不能無疑者也文靖之友莫切於袁楊袁正獻作徽州祠記云張宣公官中都元質請益又與兄西美弟元英同親炙象山先生而不言他師楊文元作墓志云早游上庠爲南軒識荆又云其於晦翁東萊南軒及我象山之學一以貫之是謂其融會諸家亦不言其曾師朱呂也傳文靖者莫先於寶慶四明志志云張宣公官中都每請益有所開警繼與兄琥弟琪從象山陸文安公游而不言他師又云朱文公及呂成公兄弟相與講切旨意合同嘗徒步至金華謁之中途寓書於家云云是謂其往謁三先生亦不言其曾師朱呂也其後王尚書作文靖傳袁文清郎以之人延祐四明志中傳云入太學師張宣公栻又從陸文安公九淵與朱文公及呂成公兄弟講磨於張陸曰師曰從於朱呂曰講磨文靖之末師朱呂

卽已灼然故尙書作廣平書塾記謂先生之學講於張而成於陸考德問業於朱呂篇末復引張子序孟子說陸子講習論義利章而曰因二先生之言得文靖之心不更及朱呂一語又文信國祭四先生文云廣平之學春風和平南軒發源象山始亨金華武夷夜窗幾評而陳本堂文靖書堂講義亦云參承於南軒而仰證於象山遠則審訂於周程朱之見闖近則問辯於楊袁沈之交際諸先生之言歷歷如此是則金華之講但與朱呂講論辨難實未嘗受業稱門下也又況旣謁之明年朱子有與文靖書文靖答書稱朱子爲執事自稱爲鄙夫其非師弟尤顯而所不滿於朱子者以副紙陳情副紙今不可見而答書有云不可以毫釐之差爲世所惜有云愚智賢不肖所共敬仰固不可少有如愚慮所及者有云望執事益進此道實鄙夫惓惓之心有云蒙見遇良厚不敢以流俗諛佞禮事大君子至他日答文元書直云此間尊晦翁學甚篤某不暇與議良心旣明往往不告而知反覆推求文靖之師晦翁一別無確據而成公無論矣且寶慶志所述金華謁見者一爲朱子一爲呂

成公一爲呂忠公謝山於二呂以成公爲文靖師以忠公爲文靖講友是亦無他證据徒以年輩分別之而均不能無疑者也文靖嘗自述淵源所自曰南軒開端象山洗滌老楊先生琢磨全文雖佚此數語明見寶慶志中然則文靖之師爲張爲陸爲楊無待後人旁考博引文靖固已自言之而焉有他師乎今不敢翻異元案据文靖自述書張陸楊三先生於前据謝山所考書童朱呂三先生於後稍區別之以見鄙意○又按日明成弘間文靖八世孫子謙明經讓著文靖言行考四卷第三卷爲淵源錄以記文靖師友於師爲張宣公陸文達公陸文安公朱文公呂成公考淳熙四先生中惟沈端憲袁正獻嘗師文達若舒楊則但師文安不聞其師文達也今其所考亦無他說但云公從二陸遊講明性理之學又云文安與朱子會鵞湖論辨所學而公日與周旋深契其異同之旨是鵞湖之會文靖與其間矣可謂杜撰其於朱子則云文公主管台州崇道觀過廬而訪焉與語竟日公出葱湯麥飯因念及民瘼文公口占一絕云葱湯麥飯兩相宜葱煖丹田麥療飢莫道主人滋味

蔣前村猶有未燬時又云及公教授於徽築風雩亭文公乃作風雩亭記以貽之是皆自造典故并朱子大全集未之一考者也於成公則節據文靖任金華事敷衍之而文靖眞師如老楊先生見文靖所自述者反不之及此等本不足辨以語出公裔恐讀者疑有別據故附論之

宣公張南軒先生栻

張栻字敬夫一字樂齋號南軒廣漢人遷於衡陽以父蔭補承務郎官至知江陵府提舉武夷山沖佑觀卒嘉泰中賜謚宣景定初從祀孔子廟庭按曰節錄南軒學案本傳至其學行之詳似不煩覼縷也

文安陸象山先生九淵

陸九淵字子靜自號存齋撫州金溪人乾道八年登進士第官至知荆門軍嘉定十年賜謚文安按日節錄象山學案本傳又按明嘉靖九年以先生從祀文廟

通奉老楊先生庭顯

楊庭顯字時發慈溪人慈湖先生之父也少時嘗自視無過視人有過一日忽念曰豈其人則有過而我獨無過於是省得一過旋又得二三已而紛如蝟之集乃大恐懼痛懲力改刻意為學程督之嚴及於夢寐嘗曰如有樵者牧子有以誨我亦當敬聽之久之漸習日進新

功曰若曰其子識非未嘗見其有過按曰錢融堂時作行狀云公狀臞臞然而果毅有識非義所不可蔑夫貴同纔已甚嚴訓子弟有紀律專訓累牘字字可佩然與物甚平恕一言之善推收召師者過甚切毫髮不自容或在流下一夕被盜翌日諭子孫曰始初告有盜吾心止如此張鐙視簡告所亡甚多吾心止如此今吾心亦止如此此即其所得可知象山志其墓稱四明士族躬行有聞者先生為首按曰此上皆本象山集楊承奉墓碣備首六年在耄耋而其學日進者當今所識四明楊公一人而已舒廣平亦嘗云吾學問軒發端象山洗滌老楊先生琢磨老楊者以別慈湖也參象山集○按曰參者服刪據他書以參補之也梨洲此書本非完藁雖經其子耒史掛絀亦未成編謝山始重定

爲丙卷故或修或補在謝山則可若後人校之苟有所見但當以雙行附注卷內不應邊以己意羼亂元文今謝山元本既不得見姑仍其舊○又按曰此傳從象山學案鈔錄象山案中以老楊爲學侶考老楊生徵宗大觀元年長象山者三十餘歲故象山撰書墓碣自稱契姪然則題爲學侶象山不敢當也且老楊有子鼎鼎不立其傳於慈湖家學而乃傍入門戶僅著其名於象山學侶是亦全書成例之可怪者也

通判童持之先生大定

童大定字持之奉化人事鄉先生趙庇民（按曰名敦臨鄞人）總角入鄉校會舍法罷遊京師中左學選所交皆一時名士高侍郎抑崇（按曰名閌鄞人）以其天資粹美盡以所聞相授復從楊龜山先生（按曰名時南劍將樂人）遊就正所學靖康之亂

歸徧取古今書讀之造詣益邃紹興癸亥再入太學尋以母憂去起復獨不謁時相登進士第調漢陽尉親履畎畝正其經界收漁戶稅不私一錢按曰嘉靖寧波志云郡將王夢謂僚屬曰此渾金璞玉人也調永嘉丞轉江東漕屬所至有善政改宣教郎授徽州教授轉奉議郎通判靖江軍事解秩歸按曰成化四明志云官至承議郎靖州通判純明篤實緯著能聲朝列偉之嘉靖志云解秩丙祠主管台州崇道觀不復言仕進純明篤實信行於鄉閭道行於妻子所至聲稱赫然奉化志云賜五品服乞祠卒葬龍潭山王時敘爲述行狀學案此傳全本奉化志奉化志雖修於乾隆間而其源甚古宋有羅參軍濬之寶慶奉化縣志趙君理與葺之古鄞志元有陳本堂著舒通叟津任松鄉士林三先生之至元奉化縣志州達魯化赤木八剌之

約園刊本

皇慶奉化州志知州馬致遠稱德之延祐奉化州志王伯倫所作行狀宋元修志時必當尚在傳中語大約本之行狀也○參四明舊志○按曰此傳從龜山學案門人傳鈔錄

文公朱晦庵先生熹

朱子字元晦一字仲晦徽州婺源人紹興十八年進士官至煥章閣待制提舉南京鴻慶宮卒謚曰文寶慶三年贈太師追封信國公改徽國淳祐元年從祀孔廟按曰節錄晦翁學案本傳皇朝康熙五十一年以先生升列哲位

成公呂東萊先生祖謙

呂祖謙字伯恭其先河東人曾祖東萊郡侯好問始居

婺州隆興元年進士官至著作郎主管明道宮卒謚曰

成按日節錄東萊學案本傳○按宋景定二年以先生從祀文廟

廣平學友按日全書體例有講友有學侶有同調豈講友非學侶學侶不同調耶斷斷分別頗近學究此案以沈楊袁呂爲講友以楊獻子爲同調而獻子傳中亦不詳所以同調之故今悉仍其舊並列諸先生而刪去名色盡爲廣平學友云

端憲沈定川先生煥

沈煥字叔晦定海人試入太學按日先生以乾道五年舉進士不知何以略之官至通判舒州待缺里居卒理宗贈直華文閣賜謚端憲按日節錄定川學案本傳

宗羲案楊簡舒璘袁燮沈煥所謂明州四先生也慈湖每提心之精神謂之聖一語而絜齋之告君亦曰古者大有爲之君所以根源治道者一言以蔽之此心之精神而已可以觀四先生學術之同矣文信國云廣平之學春風和平定川之學秋霜肅凝瞻彼慈湖雲間月澄瞻彼絜齋玉澤冰瑩一時師友聚於東浙嗚呼盛哉

祖望謹案甬上四先生之傳陸學楊袁舒皆自文安而沈自文達宋史混而列之非也四先生之遺

文亦惟沈集絕不可見惜夫按曰不詳錄諸先生言行者非但人盡知也以淵源之故旁及師友而乃全鈔其本傳條寫其遺言不已傎乎若定川傳後案語二條則以中及顯平故併錄之

文元楊慈湖先生簡

楊簡字敬仲慈溪人乾道五年進士官至將作監兼國史院編修官實錄院檢討丐祠以寶謨閣學士慈溪縣男太中大夫致仕卒諡文元按曰節錄慈湖學案本傳

正獻袁絜齋先生燮

袁燮字和叔鄞縣人淳熙辛丑進士官至知溫州進直

學士 按曰宋史本傳言進直學士者承上文寶文閣待制言之也學案傳刪史傳前文但云進直學士誤
春祠卒賜謚正獻 按曰節錄絜齋學案本傳又按皇朝同治七年以先生從祀文廟

忠公呂大愚先生祖儉

呂祖儉字子約金華人成公之弟也受業於成公如諸生監明州倉將上會成公卒部法半年不上者爲違年先生必欲終期喪朝廷從之詔違年者以一年爲限自先生始淳熙壬寅至官去以丁未凡六年時明州諸先生多里居慈湖開講於碧沚沈端憲講於竹洲絜齋則講於城南之樓氏精舍惟舒文靖以宦遊出先生以明

招山中父兄中原文獻之傳其於諸講院無日不會也而上學者遂以先生代文靖亦稱爲四先生而滕德粹爲鄞尉朱文公語之曰彼中有楊袁沈呂可與語也歷大府丞上疏論救趙忠定貶韶州安置後移筠州卒謚忠修○按曰節錄東萊學案家學傳傳中語及四明四先生故錄之較詳傳後元附謝山二文碑文欲以忠公合四先生而奉李穆堂帖則考忠公官四明首尾亦及四先生并及文靖之弟是皆於廣平學案有瓜葛者故并錄之

謝山呂忠公祠堂碑文曰忠公之官吾鄉爲司庾故不得有所設施但傳其屏去倉中淫祠一事深

寧志之四明七觀而是時正甬上奎婁光聚正學
大昌忠公以明招山中父兄中原文獻之傳左右
其間其功無所見於官守而見之講學忠公之集
雖不傳然猶散見於永樂大典中予欲鈔其與諸
先生論學之文而未得顧讀忠公吾鄉之詩弔景
迂之祠式清敏之里求了翁寓齋之遺想見其一
往情深乃自元訖明以至於今竟無有以溪芼薦
及忠公者是則甬上文獻之衰可爲長太息者矣
禮於釋奠之制必求之其鄉之先師不然者則有

合也有合者謂其鄉無足以當先師之亭則合之他鄉之近而可溯者今甬上之先師楊袁舒沈其人可謂盛矣而愚謂當以忠公合之以其同講學於鄞久竝列於先師之座無歉也

又奉臨川帖子五曰攷大愚東王季和詩云晁景迂大觀庚寅冬爲四明船場後七十有餘年某適以倉氏之職至此問而王兄季和亦來作景迂官相與訪問舊蹟尚有可攷偶成數語柬季和并呈叔晦其詩有曰鄞江舊有船司空小亭按曰亭元作江据至

正四明志改此何下自注云景迂有江亭晚望詩則作江必誤又按忠公集久佚而至正志集古卷載其文二篇詩八首謝山所引詩文皆本之蓋吾郡宋元志之有關文獻如此晚望江之東揭來海頭四閲月塵埃滿袖生穢瞳是大愚初至明之作其時慈湖方參佐浙西帥幕廣平教授徽州絜齋以進士尉江陰獨叔晦以國正家居故往還者不及三君其遊候濤山記曰壬寅之冬遂祿海東按曰至正志載此記作甬東距海六十里友人潘端叔圭定海簿相約偕遊未果今年夏四月端叔因謝子暢自臨安至會於太白鄭山之間刻日康炳道

兄弟會於王季和家按曰之間下記云已而入城復刻口以堅此約果不踰期而來康炳道兄弟先往適以少故出關差晚遂相會於王季和家與此所節錄者語意差別李叔潤方居敬史丞相之幼子開叔楊希度偕行舒元英亦與其徒諸葛生來按曰元英弟子有諸葛生僅僅見此元案於廣平門人後特標元英門人元英門人別無他氏惟題諸葛先生四字非但無傳并無名號臒軒附案語云梓材攷諸葛氏為越中藏書三家之一後以其書入四明四明志紹熙元年諸葛安節貫紹興與豐宅之同榜宅之與元英為同門嘉定十三年進士諸葛十朋安節從子元英之徒當即其人云云按諸葛生必紹興人元英門人必進士又必其同門之同年之從子皆可怪也牽連附會全無證佐故刪之而東萊卒於辛丑大愚以壬寅冬之官附記於此

正合期喪服滿之期元英則廣平弟也其題慈溪龍虎軒詩云年來世路轉蹉跎正大中庸論愈多出本無心歸亦好何須胸次自干戈似屬大愚將去明之作大愚之赴銓也本傳言平園方爲丞相招之不往宰輔表平園自西樞入中書在淳熙丁未春二月而朱子答大愚書曰對班在何時今日既難說話而疏遠尤難且只收斂入主心念是第一義題注在丁未冬十一月是大愚之赴任以壬寅其去官以丁未首尾六年

博士楊先生琛

楊琛字獻子奉化人負器識富文學紹熙四年進士嘗爲江東提刑司幹辦公事經學淵源鄱陽士多師事焉拜國子博士召試館職時韓侂胄專政遂拂袖歸杜口不言時事端平初特官其子斯立參寧波府志○按曰至正志云四明詩學爲最盛在奉化尤得淵懿舒文靖璘楊獻子琛爲倡首而曹粹中王宗道皆有論說云云按學案蓋即本此故以獻子爲文靖同調耳

按曰淵源錄記文靖之友定川絜齋慈湖三先生又有攻媿樓先生止齋陳先生按樓宣獻偏交文靖兄弟文靖屢與宣獻書語甚切直其爲密友無疑與陳中書書似交誼不及宣獻之深然要不能

謂文節非文靖之友也特當時理學鼎盛聲氣所孚斷不僅此數君子而讀類稾中書劄亦約略足知其人故自學案元例五先生外不更參考焉

廣平門人

博士李三江先生元白 附子以稱以制

李元白字景平本奉化人遷居鄞之三江口其大父俏烈士也建炎之難張俊劉洪道棄郡走蔣安義迎降列城瓦解俏奮然曰河北二十四郡豈無人乎因與董之邵任戢共起義兵於奉化之泉口女真兵至三戰三卻之奉化以是得完事定不言功而恩賞亦弗及至先生

始以儒術起初受業於蔡文懿公劝學傳其經制之學已而受業廣平文懿爲舍人以先生上世起兵事聞進論其功有詔贈俏修武郎先生累官至國子博士深於詩禮其論荒政賑卹極有條理按曰鄭滎陽上知州書云宰揆稱能士林觀德肅大昕之記注躬直道以論思又云嘗論帝王之學必極聖賢之歸奏賑恤則惠及天下之民談禮樂則善淑四方之士皆得之廣平者也三江舊有李朝散祠蓋先生講學之地元時尚存鄭眞嘗言於當事重葺之而今不可問矣先生子以稱以制以益從弟口伯誨伯森皆踵世科按曰至正四明志云三江李氏自元白受業文靖歸教其家詞伯誨伯森以稱以制以益俱踵世科此傳

部本至正志似口伯郎詞伯奈樓宣獻作元白父承奉墓志子六長元白四詞伯賓慶延祐兩四明志進士又有李詵伯乃承奉次子皆元白之弟非從弟也此外更無李姓而伯名者而以稱與先生同登第時人傳爲佳話以制誥爲徽州教官按曰袁正獻作徽州文靖祠記云舊祠於學廡隨已甚校官李君以制及其諸生有請於鄉中乃營新基爲堂三間宏敞明潔然則文靖徽祠賢以制等之也人皆稱其有廣平遺法按曰元本不往修補愚按此傳當出謝山于○又按日傳謂博士本奉化人遷居鄞之三江口故遂以其地稱其人爲三江先生然吾鄉郡縣志表閩以博士爲鄞人者今鄞之三江口實有李氏自奉化來考其家牒譜以修武郎爲祖而其始遷則在元至正間不始南宋也攻媿作傳士父承奉墓志皆云江口李氏鑰及識其三世矣江口者奉化村名非鄞之三江口也中云承奉就養三江以疾卒於官則是承奉次子詵伯第進士後監三江鹽場乃紹興之三江更與鄞之三江無

詵也至正志王文貫傳云三江李氏自元自受業文靖云云此所謂三江即奉化江口鄞之三江口在郡城東北以鄞江合慈溪江餘姚江故名奉化江口在郡城之南以鄞縣它山水入江出鄞江橋東行至仕奉化金溪剡溪之水自方橋來會剡源大步之水自光德橋來會故亦名三江口一郡有兩三江口故以郡地爲外三江口以奉化境爲內三江口居人分別之則鄞爲三江口奉化爲江口至正志所云三江奉化之江口也故其上云四明詩學最盛奉化尤得淵懿舒文靖云云三江李氏云云下云在鄞者稱文門然源委實由舒李是明明指奉化之三江而斷非鄞之三江可知謝山治說會至正志耶至云三江傳有李朝散祠蓋先生講學地元時尚在鄞眞籍言於當事甲之公云忠因爲之偏考滎陽外史集則其語在代李氏上知州縣中而是奉化州學中嘗祀博士於鄉賢或黜之至是滎陽爲其曾孫請於知州復祀之也書云建學立祠延薦聖朝之治尊賢肇祀用昭賢守之公又云曾祖國子博士贈朝散大夫李元白長汀巨族故國名賢又云存碑列姓爲爲後學瞻依

遂字宣儀嘗列先賢祀典勢殊事變俗薄風漓何後人懷偏見之私俾我祖絕願歆之奠後又有代李謝知州書云太守典邦斯文所係先賢崇祀明德惟馨言膽俎豆之華式見宮牆之美又云尚徵文獻之傳不正校庠之典苾芬是享福履其綏某親睹縮茅誓言結草云建學云宮牆云校庠明白如此而謂三江有祠鄭眞白當事重葺不幾於自造事實耶或謂謝山所說三江祠事恐別見他書愚謂鄭之三江若果有專祠萬無從不見紀載之理且滎陽上知州書亦必當述之以見博士之德之遠而奉化州學鄉賢尤不可缺祀典矣歷考諸書博士實奉化人無遷鄞事謝山殆未免扳附鄉賢耶愚則謂扳附與失漏皆非故詳論之以質博雅至江口亦名三江口則依至正志稱博士爲三江先生亦無不可

少卿袁晉齋先生肅 按曰晉齋二字王補

袁肅字□□絜齋之子也從廣平於新安 按曰袁正肅撰文靖祠記

云仲兄就先生學於新安歸言飲食起居之詳與先正獻公所稱若合符節　其後知名於世

按曰此傳從絜齋學案家學傳鈔錄語甚簡略按先生嘗知江州又嘗知臨安府恬於進取故正肅撰愧箴有云博學精識克紹前聞居考妣喪各茹素終三年仕而見黜屹無附麗吾愧今次兄可約略知先生矣餘見王校案語

梓材謹案先生號晉齋慶元五年進士官至少卿嘗知江州蒙齋文集有和晉齋兄韻云晉齋作詩誨語勤劬觀詩末章荷兄警余又和晉齋兄韻三章其首章云不愛金章紫綬紆欣然玉局自安居其卒章云家塾提綱屬晉齋絜齋氣脈遠乎哉

按曰王尚書廣平書塾記稱先生沒門人肖像祠於塾薇事不怠然則文靖門人之在鄉黨者斷不止三江晉齋二公而已

羅先生子有

鄧先生夢眞

汪先生行簡

戴先生泳

羅子有鄧夢眞汪行簡戴泳皆廣平之徒也廣平在新安與慈湖書言某按曰某元作與据類藁改學中諸生自得羅子有鄧夢眞汪行簡戴泳皆有起發可進今皆不可考矣

按曰類藁中答趙通判書云學中生員有莫知微鄧夢眞陳鋭羅欽臣數人亦可與語今按四人中惟鄧已著録似莫陳羅亦當入之

廣平再傳　三江門人

吏部安先生劉

安劉沭人居鄞之小溪以詩義冠多士善清言三歷祕丞郎官嘗爲賈相客而以科名自持卒不得用按先生官至吏部其詩學得慶源輔氏之傳補○按曰先生旣寓居溪上嘗有功於宅山水利道光季年余議遺德廟祀典祀先生於鄉賢中梓材謹案是傳本之袁清容師友淵源錄

王先生艮學

王艮學鄞人厚齋先生應麟長子嘗從三江李氏遊按曰

此從深寧學案家學傳鈔錄又按艮學字懋章承務郎兩浙運幹繼貫官先厚齋尚書卒年三十三又按尚書續娶江口李氏蓋以姻婭爲師弟也

按曰三江門人亦不止此二公也至正四明志云三江李氏元白受業文靖歸教其家門人以次相授黃應春杜夢冠安劉王艮學其傑然者今但錄安王不錄黃杜豈謝山偶忘至正志耶成化四明志黃應春傳云號西軒奉化人嘉熙二年進士官至朝散郎知處州壯游京師四方之士翕然宗之所著有詩說內翰應繇左史黃自然繳進送監看詳除國子錄按西軒嘉熙二年是特奏進士至淳祐四年始與安劉同中正奏杜夢冠則寶祐四年進士也並見寶慶延祐兩四明志中又按夢冠字叔範鄞人嘉靖志妄以爲奉化人今據寶祐四年登科錄仍作鄞人

廣平三傳 適叟門人

州判李霽峯先生洧孫

李洧孫字甫山寧海人師事舒通叟登宋咸淳甲戌進士第授廸功郎黃州司戶參軍未上而宋亡元大德六年爲杭州儒學教授以黃嚴州判致仕人稱爲霽峯先生修

附目按曰元刻每案卷首臚軒各爲之表頗嫌餖飣語全元本重刻學案者平仿此體例以已見前今校廣平學案既成擬爲此目倘有据黃目易表殆較元刻稍清晰焉耳矣

廣平學案

文靖舒廣平先生璘

廣平家學

父黻 兄琬 子鉼 孫泌

錄龜山學案門人傳 擬補見附案 子鉦 擬補見附案

中講友傳 兄琥 子銑 從孫津

弟琪 子錯 從孫澥

從兄琮 子鐻 從孫瀛

擬補見附案 從子銳 擬補見附案

擬補見附案

廣平師承　廣平學友　廣平門人　廣平再傳

張栻 節南軒學案本傳 沈煥 節定川學案本傳 李元白 附子以稱以制 安劉 下皆門人李元白之門人

陸九淵 節象山學案本傳 楊簡 節慈湖學案本傳 袁肅 錄絜齋學案家學傳 王艮學 錄深寧學案家學傳

楊庭顯 袁燮 羅子有 黃應春

錄象山學案學侶傳 節絜齋學案本傳 鄧夢眞 杜夢冠

童大定 呂祖儉 汪行簡 上二人擬補見附案

錄象山學案門人傳 節東萊學案家學傳 戴泳 廣平三傳

朱子 楊琛 莫知微 李淯孫

陳銳 節晦翁學案本傳 從孫津門人

呂祖謙 節東萊學案本傳

羅欽臣 上三人擬補見附案

舒文靖公類稾附錄卷上

舒文靖公類稾附錄卷中

鄞後學徐時棟同叔輯校

墓志歷傳第二

墓志

宜州通判舒元質墓誌銘 按曰楊文元志文靖墓寶慶四明志及袁正肅皆言之志袁正獻墓眞文忠言之而慈湖遺書中並缺道光間正獻裔孫修正獻墓始得志石於墓上封土之下而文靖此志則見之言行考中蓋舒氏世有賢子孫錄在家乘者固無恙也

宋 楊簡

慶元五年己未九月二十九日友人宜州通判舒元質

氏卒訃聞簡哭諸寢門之外旣而奔奠於元質之廬又哭盡哀而反十有二月望厥子將卜兆於嵩溪里之公棠山使以窆期告且徵銘焉簡哭而對諸使曰簡尚忍爲元質銘也哉弱壯而爲執遊強而茅拔於春官艾而期伸執於寀服今迨頤而遂永訣矣簡尚忍爲元質銘也哉使速之曰非銘何以掩夫子於幽乃拭袂而序以銘之元質諱璘其先皐陶庭堅之後三代時國於舒舒亡而其裔即以國氏世望廬江十三傳邵爲漢阜陵長又廿三傳而元輿相唐弟元褒官司封員外郎褒子守

謙以伯父甘露之變徙居於越再傳而遷四明之奉化善積慶餘更四葉而實賑元質之大父宣議郎卞文才武略名冠一時建炎中禦金有功鵬舉岳公招而置之幕下鄉人銘續焉父曰徽由進士歷官通直郎後以明堂恩進秩承議元質生而敦樸得子淵之愚道心融明所覺非思一時師同門志同業者則簡與沈叔晦袁和叔也元質於書無所不貫尤精於毛鄭詩早遊上庠爲南軒識荆乾道壬辰中進士第擢信州教授隨丁承議憂易喪誠信哀毀骨立孝友聲益彰服闋特差充江南

西路轉運司幹辦公事載遷教授新安愈自磨勵其於晦翁東萊南軒及我象山之學一以貫之新安之士執經而問難者堂溢階充兩端不竭不怠築風雩亭以自娛其萬物同春氣象或狂黠不得爭殿最也時世故紛揉天災沓臻國病於需民艱於食元質緯不暇恤憂常在公於是議常平商鹽政經荒策論保長凡爲書若干章上之刺史守尉其採而試者效輒響應當道廉而賢之曰文學政事兩擅其優是爲天下第一教官豈宜投置閒散乃擢令平陽平陽之民沐元質之德者咸興誰

嗣之歌三載考績遷宜州通判元質以仕路頗蓁拜命便歸未果卽行遽夢兩楹之奠元質生於紹興丙辰九月廿八日巳時按曰古法書卒葬年月日不書生年月日南宋人或書之然未見有書時辰者此云廿八日巳時疑是子孫所增加也至是卒享年六十有四始元質在徽賢聲籍籍自中書密府諸貴人交口薦譽咸欲出自己門而元質澹然於聲利之場惟道德性命是究其於津要無寸楮及故材不得盡其長道不得大其用而竟以別駕終昔韓退之誌子厚之文曰使子厚斥不久窮不極雖有出於人其文學辭章必不能自力以致必傳

於後如今無疑也雖使子厚得所願爲將相於一時以彼易此孰得孰失必有能辨之者嗚呼退之可謂知子厚之深矣吾與元質也亦云然元質兄弟七人長曰琬進士福州簽判次曰琰次曰球進士潁州太守次曰琳次曰琥任國學次曰璘是爲元質季曰琪琪與琥俱遊象山陸君之門配童氏卽奉議郎大定持之之女早世無所出繼娶於汪迪功季顏生子五人曰銒叔晦壻曰鈺娶袁氏曰銃簡女女焉曰鍇娶趙氏曰鐻和叔之壻也孫男俱幼銘曰猗歟元質道心懇𥈠誘也匪牽樂恬

簞瓢隙廬蕭蕭鏗然誦絃挼鐸挼鐸有勛其爚百里大賢維藏之石簡最其迹永永萬年

歷傳

宋史列傳 按曰史與沈煥合傳沈傳末云煥之友舒璘故舒傳首不復著姓今補

舒璘字元質一字元賓奉化人補入太學張栻官中都璘往從之有所開警又從陸九淵遊曰吾惟朝於斯夕於斯刻苦磨厲改過遷善日有新功亦可以弗畔矣乎朱熹呂祖謙講學於婺璘徒步往謁之以書告其家曰敝牀疏席總是佳趣櫛風沐雨反爲美境舉乾道八年

進士倆授郡教授不赴繼爲江西轉運司幹辦公事或忌璘所學望風心議及與璘處了無疑間爲徽州教授徽習頓異詩禮久不預貢士學幾無傳璘作詩禮講解家傳人習自是其學寖盛丞相留正稱璘爲當今第一教官司業汪逵首欲薦璘或謂璘舉員已足逵曰吾職當舉教官舍斯人將誰先卒剡薦之知平陽縣郡政頗苛及璘以民病告辭嚴義正守爲改容秩滿通判宜州卒璘樂於教人嘗曰師道尊嚴璘不如叔晦若啟迪後進則璘不敢多遜袁燮謂璘篤實不欺無毫髮矯偽楊

簡謂璘孝友忠實道心融明樓鑰謂璘之於人如熙然之陽春淳祐中特謚文靖

浙江通志儒林傳

舒璘字元質一字元賓奉化人入太學張栻官中都璘往從之又從陸九淵朱熹呂祖謙學以書告其家曰敝牀疏席總是佳趣櫛風沐雨反爲美境舉乾道八年進士爲徽州教授詩禮久不預貢士學幾無傳璘作詩禮講解家傳人習自是其學寖盛丞相留正稱璘爲當今第一教官司業汪逵薦知平陽縣郡政頗苛璘以民病

告辭嚴義正守爲改容秩滿通判宜州卒璘嘗曰師道尊嚴璘不如叔晦若啟迪後進則璘不敢多遜袁燮謂璘篤實不欺無一毫矯僞楊簡謂璘孝友忠實道心融明淳祐中特謚文靖

寶慶四明郡志先賢事跡

舒璘字元質舊字元賓六世祖居明之奉化父黻登紹興庚辰進士第終通直郎璘弱冠捧鄉書入太學時張宣公官中都璘每請益有所開警繼與兄琥弟琪從象山陸文安公遊琥琪頓有省悟璘則曰吾非能一蹴而

約園刊本

入其域也吾惟朝於斯夕於斯刻苦磨厲改過遷善日有新功亦可以弗畔云爾朱文公及呂成公兄弟相與講切旨意合同嘗徒步至金華謁文公按曰文下元衍安字以意刪中途寓書於家曰做牀疏席總是佳趣櫛風沐雨反爲美境其所養可知乾道八年以上舍賜第兩授郡學官不赴爲江西漕屬或忌璘所學望風心議及與璘處了無疑問分教新安士習頓革是邦大比詩禮久不預貢送而學幾無傳璘作詩禮講解家傳人習自是其學寖盛丞相留公正謂璘爲當今第一教官尚書汪公逵爲

司業首欲薦璘或謂璘學員已足達曰吾職當舉教官舍新安將誰先卒剡薦之璘雖受知於人未嘗徇俗稱門生暨宰平陽邑大事殷酬應疊疊嘗曰蒙雜而著時郡政頗苛及璘以民病告辭嚴義正守爲改容秩滿授宜州倅致仕卒年六十有四璘姿稟粹和學術正大嘗自言淵源所自曰南軒開端象山洗滌老楊先生（謂文元公父廷顯）琢磨璘融會諸公之學且樂於教人嘗曰師道尊嚴璘不如叔晦（謂端憲沈公煥）若啟迪後進則璘不敢多遜嘉定初朝廷革文弊選前輩程文以範後學璘文實冠編

首正獻袁公燮謂璘篤實不欺無毫髮矯僞文元楊公簡謂璘不失聖門忠信之主本宣獻樓公鑰謂璘之於人如熙然之陽春其爲諸公欽服如此（詳見楊簡袁燮所撰墓誌祠堂記）徽學有祠而祠於鄉者唯奉川淳祐五年冬制帥集撰龍溪顏公頤仲訪璘遺像迺合端憲文元正獻三公祠於泮水是爲四先生祠（按曰徽學以下非寶慶志元文乃後守續增刊附志中者）

延祐四明志人物攷先賢（按曰元題廣平舒先生注云王先生撰按厚齋尚書應麟也）

舒先生璘字元質奉化人雅有大志恥以一善自名篤

實不欺無毫髮矯僞入太學師張宣公栻又從陸文安公九淵與朱文公及呂成公兄弟講磨躬行愈力嘗曰吾非能一蹴而入其域也刻苦磨厲改過遷善日有新功亦可以勿畔云爾第進士教授徽州以身率多士日日詣學寒暑不少懈暮夜亦間往築風雩亭日有講求涵泳之功質或不美未嘗忿疾端吾榘矱需其自化作詩禮講解（按曰言行考載寧波府志實延祐志也 自化作自新講解下有詩學發微四字）啟迪諸生徽人追思之曰吾鄉學問之源塞而復通者先生實開之也因祠於學信道甚篤利祿之念不萌辛平陽

臨政聽斷人服其平按曰此上十一字考無終於宜州通守慈湖先生銘其墓謂孝友忠實道心融明按曰此上十六字考無門人國子博士李元白傳其經學淳祐中特諡文靖

成化四明志儒業傳

舒璘字元質奉化人雅有大志恥以一善自名篤實不欺無毫髮矯僞入大學師張宣公栻又從陸文安公九淵與朱文公及呂成公兄弟講磨躬行愈力嘗曰吾非能一蹴而入其域也刻苦磨厲改過遷善日有新功亦可以弗畔云爾乾道八年進士第教授徽州以身率多

士寒暑不少懈築風雩亭日就講貫涵泳之功質或不美未嘗忿疾端吾渠矱需其自新作詩禮講解爲之啟迪焉信道甚篤利祿之念不萌宰平陽臨政聽斷人服其平終於宜州通守謚文靖

嘉靖寧波府志理學傳

舒璘字元質奉化人雅有大志恥以一善自名篤實不欺無毫髮矯僞入太學師張栻又從陸九淵朱熹及呂祖謙兄弟講習力於躬行嘗曰非能一蹴入其域刻苦磨厲改過遷善日有新得亦可以弗畔云爾第進士教

約園刊本

授徽州以身率多士日詣學寒暑不懈暮夜亦間往勸誘啟迪質或不美未嘗忿疾需其自新作詩禮講解以授諸生徽人追思之曰吾鄉學問之源窒而復通者先生實開之因祠於學璘信道甚篤利祿之念不萌宰平陽臨政聽斷人復其平終於宜州通判淳祐中特謚文靖

雍正寧波府志儒林傳

舒璘字元質奉化人補入太學張栻官中都璘往從之有所開警又從陸九淵遊曰吾惟朝於斯夕於斯刻苦

磨厲改過遷善日有新功亦可以弗畔矣乎朱熹呂祖謙講學於婺璘徒步往謁之以書告其家曰敝牀疏席總是佳趣櫛風沐雨反爲美境舉乾道八年進士兩授郡教授不赴繼爲江西轉運司幹辦公事或忌璘所學望風心議及與璘處了無疑間爲徽州教授徽習頓異詩禮久不預貢士學幾無傳璘作詩禮講解家傳人習自是其學寖盛丞相留正稱璘爲當今第一教官司業汪逵首欲薦璘或謂璘舉員已足逵曰吾職當舉教官舍斯人將誰先竟剡薦之知平陽縣郡政頗苛及璘以

民病告辭嚴義正守爲改容秩滿通判宜州卒璘樂於教人嘗曰師道尊嚴璘不如叔晦若啟迪後進則璘不敢多遜袁燮謂璘篤實不欺無毫髮矯僞楊簡謂璘孝友忠實道心融明樓鑰謂璘之於人如熙然之陽春淳祐中特謚文靖

景泰奉化縣志道學傳 傳序附○按曰景泰志已無傳本而文靖言行考中所載縣志則景泰志也考作於文靖八世孫舒讓讓以成化二十二年貢入太學成化以前奉化有永樂景泰二志永樂官修之景泰乃邑令陳關聘邑人仕綸所修今傳序中稱吾鄉其爲景泰志無疑

道學之傳至宋而昌至文公朱子而集諸儒之大成當時如張宣公吕成公陸文安公兄弟輩相與講明正學而吾鄉之文靖舒公輩俱從而稟學焉如端憲沈公文元楊公則相與往來而切磋焉故其言行政事所得於師友之淵源者至今言之尚能使人興起因題曰道學以別之

舒璘字元質雅有大志恥以一善自名篤實不欺無毫髮矯僞入太學師張宣公栻又從陸文安公九淵與朱文公及吕成公兄弟講磨躬行愈力嘗曰吾非能一蹴

而入其域也刻苦磨厲改過遷善日有新功亦可以弗畔云爾乾道八年進士第教授徽州以身率多士寒暑不少懈築風雩亭日就講貫一以正人心講道學明經旨自任涵泳從容質或不美未嘗忿疾端吾槼矱需其自新作詩禮講解爲之啟迪焉丞相留正稱爲第一教官尚書汪逵侍郎葉適交口薦譽後宰平陽臨政聽斷入服其平終宜州通守謚文靖祠於本縣學及徽州府學

乾隆奉化縣志理學傳

舒璘字元質有大志恥以一善自名補入太學張宣公栻官中都璘往從之有所開警又從陸文安公九淵與朱文公及吕成公兄弟講磨躬行愈力嘗曰吾非能一蹴而入其域也惟朝於斯夕於斯刻苦磨厲改過遷善日有新功亦可以弗畔云爾又以書告其家曰敝牀疏席總是佳趣櫛風沐雨反爲美境舉乾道八年進士第兩授郡教授不赴繼爲江西轉運司幹辦公事或忌璘所學望風心議及與璘處了無疑間教授徽州以身率多士寒暑不少懈築風雩亭日就講貫一以正人心講

道學明經旨自任涵泳從容質或不美未嘗忿疾端吾
絜矱需其自新作詩禮講解爲之啟迪焉丞相留正稱
爲第一教官尚書汪逵侍郎葉適交口薦舉後宰平陽
臨政聽斷人服其平終宜州通守璘樂於教人嘗曰師
道尊嚴璘不如叔晦若啟迪後進則璘不敢多遜袁燮
謂璘篤實不欺無毫髮矯楊簡謂璘孝友忠實道心融
明樓鑰謂璘之於人如熙然之陽春淳祐中特諡文靖
祠於本縣學及徽州府學

安徽通志名宦傳

舒璘奉化人乾道中爲徽州教授徽習頓異時詩禮久不預貢士書幾無傳璘作詩禮講解家傳人習自是其學寖盛丞相留正稱爲第一教官

廣西通志名宦傳按曰文靖未赴宜州任遽卒而廣西人之名宦中名賢之爲人所歆慕如此

舒璘字元質奉化人張栻官中都璘往從之又從陸九淵遊朱熹呂祖謙在婺璘徒往謁之以書告其家曰敝牀疏席總是佳趣櫛風沐雨反爲美境乾道八年第進士歷徽州教授以薦知平陽縣秩滿通判宜州卒璘與

沈煥爲友而樂於教人嘗曰師道尊嚴璘不如叔晦若
啟迪後進則璘不敢多遜淳祐中特諡文靖

舒文靖公類稾附録卷中

舒文靖公類藁附錄卷下

鄞後學徐時棟同叔輯校

碑記祭文雜詩文第三

按曰文靖族孫芙嶠太守既刻類稾復寄余公八世孫子謙所編言行考屬援羅其所未備閱之則采摭漏略編次不倫乃為重輯類稾附錄三卷以校正學案為上卷采正史及先後省府縣志冠以墓志為中卷而甄別言行考中所錄詩文為下卷考中第一篇錄文靖事實四行有奇題曰宋通鑑寶慶二年不知其所據何書第二篇為袁正肅撰文靖家傳非但蒙齋集不載抑其文村陋實甚如謂轉宜州通守時禁偽學歸隱廣平湖設塾啟迪後進不怠寒暑常艱於衣食所居風雨不蔽晏如也則似諸大家所作志傳碑記未一寓目者又詳書文靖生卒年月日時又云娶汪迪功女萬八安人亦詳書其生卒年月日時則似并不知文靖有元配童氏者此必妄人偽造今與事實並刪之又有字文公諒舒氏譜序亦

刪之其他有本集舊志石刻可考者皆一一爲之校正而補錄袁正獻撰祠記一首祭文一首王尚書祠記一首全吉士祠記二首皆有關文獻學術之大不容不錄也至國朝重刻言行考其所增補尤多蕪辭今錄其兩祠記一祭文餘並刪雜不贅說焉

碑記

舒元質祠堂記 絜齋集

宋 袁燮

士生於世以篤實不欺爲主對越上帝而無歉質諸古人而不怍微有差焉痛自懲艾無復毫髮之矯僞是謂篤實嗚呼若鄉友舒君元質者眞其人歟元質狀貌不逾中人而雅有大志恥以一善自名每自循省苟不聞

道無以爲人汲汲乎不啻於飢者之嗜食寒者之索裘也遊太學交結皆良友時張宣公官中都元質請益焉有所開警又與其兄西美弟元英同親炙象山先生西美元英皆頓有省悟元質則曰吾非能一蹴而入其域也吾惟朝夕於斯刻苦磨厲改過遷善日有新功亦可以弗畔云爾元質此語某實親聞之躬行愈力德性益明與其兄弟家居講貫若合符契罔有差別而後公論翕然並稱之徽學雅稱多士而自規繩廢弛寖不如昔前官每有不可爲之歎及元質典教此邦奮然曰士之

媺惡獨不在我乎則以身率之時猶在選調同寮有爲之經營薦舉者元質力止之曰是非我志也旣而令聞藹然諸公推輓惟恐後元質始受之不稱門生不以駢儷語爲謝蓋信道甚篤爲利祿之念截然不萌故諸公亦深亮焉教人以躬行諸生知嚮方矣加之不憚勤勞日日詣學隆冬酷暑未嘗少懈暮夜亦間往又築風雩亭會集其上日有講求涵泳之功質或不美毋庸忿疾端吾榘矱需其自新久乃有勇進不可過者此邦之人追思至今僉曰吾鄉學問之源窒而復通者此先生實開

之也舊祠於學庠陋已甚拜跪不能容席獻享不共未
稱所以尊崇之意校官李君以制及其諸生有請於郡
中乃營新基爲堂三間宏敞明潔非曩時比所以示不
忘也嗚呼人心之不能忘其惟有德之君子乎才能智
術事無劇易皆辦非不可喜也翰音之登溝澮之盈何
以能久豈若有德之可貴哉元質之賢行可稱述者多
矣要以篤實不欺爲主是主也萬善之根本自信不疑
而後人信之如圭璋璧琮人信其爲美玉如麒麟鳳凰
人信其爲嘉祥考其生平發於言論率由中出未嘗見

其一語之妄此易所謂有孚盈缶者可不謂有德乎元質旣殁諸子壹遵先訓秩然有倫相勉以善道鄉黨中以爲儀表非有德之後典刑猶在而能爾乎行乎家者加是宜其新安之教人人之深雖久而不能忘也祠宇告具李君貽書於某曰事關風教幸爲我識之某不敢辭

奉化縣舒先生祠堂記

蒙齋集○按日言行考載此記與本集大同小異疑考所録者出自碑刻或譜牒中爲正稿初本本集所載者乃正稿改定本也今以本集爲主以考中異文旁注其下若字數相同則但注異文或多寡不等則云有無以別之

宋　袁甫

先生墓在奉川化松嵩谿里其墓碣慈湖有楊字先生所作也先生典教新安行祠於郡庠四字其祠堂記先君正獻公所記作也今奉川化邑大夫胡君逸爲景行前哲聿新祠宇建祠鄉校率帥邑人尊事之又俾屬某甫爲之記顧藐焉晚學何足有以字窺先生之彷彿雖然自兒時見先生每過家塾拱立侍旁已有所興起又觀先生所說三百五篇與我心契似若有得弱冠因仲兄就先生學於新安歸言飲食起居之詳與先正獻公所稱若合符節後

與先生諸子交益知家法之懿閤族聚居交相敬愛皆先生有以表倡之（無此八字有久而躬爲倡字）某甫雖未嘗數侍先生之謦欬（無此二字百教字）然其獨得於心者有不可以言語形容盡而非假言語又無以爲我心請因胡君之請而有述焉（以上二十一字盡無下何先生上有盡字）先生眞有道之君子也道非形器（容）非離形器（容）先生內美充實可謂（無此二字）有孚盈缶矣（無此字）而即之若虛叩之若無筋見坦坦蕩蕩洞無城府（了無偏倚）溫溫謙謙（讓讓）不異常人終日窮年（無此四字）應事接物（有委蛇曲盡而存未嘗與事物交十二字）小心畏忌周旋規矩而（無此）

[illegible]

字超然常與造物遊陶陶乎浩浩乎生乎天壤之間獨能養（保）此天（大）和享此真樂而未易與世人言也故先生之胸襟光風霽月也先生之節操山高水長也先生之詠詩天籟自鳴也先生之作文人鳶魚飛（此二字倒）躍也洙泗風雩之氣象先生有點處逆境不知其逆也居（處）順境不知其順也千變萬狀自爲紛紛而不知其爲千爲（無此字）萬也亦不知其爲（無此字）一也先生之言曰儆牀疏席總是佳趣櫛風沐雨反爲美境此先生之學所以深造自得而某甫之所謂真有道之君子也其他稱述

句章新志類要所錄

已多矣竊以贊爲（以上十一字盡無）胡君與余甫俱甲戌進士邑政不擾而人安之其爲先生立祠也豈非斯道有默會於心者耶雖然先生之道揭日月而行（無此上三十七字有今爲是舉也邑里翕然費不不不應可不謂知務乎十九字）某甫之假守新安嘗爲先生請易名於朝矣而卒未果（無此字）遂胡君倘持是而申前（無此字）請焉必有慨然主盟吾道者先生諱燧字元質一有（字元彬四字）後嘗宰溫之平陽終於宜之州別駕云

廣平書塾記（至正四明志○按曰四明文獻集今已爲倘書專集之名其集輯於明初鄭滎陽而至正志修於倘書之孫遂初老人所錄尤可依据惟或集詳志略則以修志體例不無刪

約園刊本

節也今以志爲主志所節者以集補之而注其異文并以言行考奉化志諸書參之又按書塾集及諸書俱作書院今按記中質稱書塾不稱書院又奉化志書院條云元時始改爲書院然則但觀命題亦見至正之確於他本矣

宋 王應麟

乾道淳熙間向背行考行宋字妄加之也尚書入元以後文字不肯如此況此記作於德祐元年正學大明朱子在建張子在潭呂子在婺陸子在撫學者宗之如日月江漢光潤所被皆爲名儒於是明考作四明亦明人妄加有四先生其一曰廣平先生文靖舒公先生之學講於張而成於陸考德問業於朱呂心融神會精知力踐其躬行有尚絅之質其誨人有時雨之澤沈袁

楊二字集考並倒三先生道同志合化東海之濱爲泗沂集考並作洙泗奉志作沂泗位不配德而教行於鄉聲聞於天下淳祐中賁以易名四字考無大誤先生有孫泌元作某據集改考及奉志皆作棫大誤棫乃泌子文靖曾孫且未嘗典教象山史志秩官載宋時典教一人奉化舒津注云文靖孫亦大誤津乃文靖從孫亦未嘗典教象山餘詳余宋元四明六志校勘記中明經世其學與計偕上春官屢不偶此上九字各本俱無據集補後凡云各本者謂至正志及言行考奉化志也云餘本者集及言行考奉化志也晚始對策集英典教象山縣庠德祐初元請於郡太守謂年七十有一願挂衣冠歸老故里留置闕幕不就以上二十九字各本俱無據集補退而抽考作紬楹考作盈誤書啟迪

後昆惟昔先生嘗題戸冊曰廣平書塾游於斯講（考作謀誤）於斯羣穸（考及奉志並誤寮）聚辨於斯先生歿門人敬事不怠肖像祠於塾乃適追先志奐飾堂序（考及奉志作宇）帥子若孫暨宗族之秀朝益暮習春秋舍菜先聖（生考誤）歲時朔望謁祠齒拜講說冠屨（集及考作屨）翼如誦絃（餘本並倒）藹如某（考作麟妄改也）聞而歎曰古道庶幾復興乎古者士有常心家無殊俗八歲入小學十年（考作歲）就外傅二十五家為閭閻有左右塾里中之老有道德者為左右師坐兩塾（三字各本俱無据集補）灑掃應對是謹詩書禮樂是習孝弟忠信是修

蒙養豫教薰陶涵濡是以人有君子之行君子上集有士字疑衍士之子常爲士漢唐之盛流風猶存經生守家法世族重宗譜子弟彬彬多賢然金籯之諺集作誠城南之勸識者謂誘以祿利餘本並倒非天爵之貴惟我國朝考及奉志並作家師道之立上接鄒魯冢宰所降之德司徒所教之倫父兄訓詔必是焉先其修於家者若考脫若字睢陽戚氏子孫二字各本俱無据集補世德之久南豐曾氏考作子至正志別本亦有作子者稱之若墨莊劉氏自太宗時至中興此上七字各本無据集補忠孝各本作厚据集改雍睦之風不墜朱子纂次其家傳概舉一二言

之此上六字各本無据集補可爲士族法考脫此字誤今文靖之孫亦服

祖訓不違若稽家有塾之詛紹衣德言言上考有之字誤弗佚

前人考脫此二字光用淑艾於家庭集作庭訓我有喬木殖德培

之我有嘉苗種學考作德楙之詵詵集作佚佚義通陳書後進詵詵當以詵爲是胄子在斯塾也於牆於羹如見先哲必尊德性必求

放心昏定晨省入孝出恭恭志作弟無非教受考作授誤業講貫

習復計過無非學張子序孟子說曰爲己者無所爲而

然也也上考有者字陸子講會論義利之章曰考無曰字學者當辨

其志是訓是行服膺勿失因二先生之言得文靖之心

百年如一日也國人稱曰各本作之據集改文靖之後世世有人焉豈惟一家之光一國之仁遜之下考有光字誤將自一家始詩曰有斐君子終不可諼兮又曰惟其有章兮是以有慶兮文靖有焉子子孫孫弗替引之後之人其懋哉遂書以爲記是歲乙亥夏四月初吉鄞後學王某記此上二十字各本並無據集補

先賢祠堂記四明文獻集○陔曰集中題目如此言行考題作寧波府志道學小傳記誤也按先賢者四明九先生也延祐四明志載尚書所作九先生祠堂記與此記多相類者此記五百四十餘言彼記三百四十餘言而相同者至一百數十言彼記中間序九先生之功全是節錄此

記考其本事此記以秋廉訪復祀九先生而作彼記以秋廉訪復祀之後完顏廉訪改祀地而作核其歲月此記作於至元甲午十二月彼記作於元貞丙申正月相距僅一歲有奇是歲尚書年七十四其年六月旋卒想甲午復祀既爲秋公作記至丙申改地完顏又以作記煩尚書而耄老衰倦故改換前記首尾以應之耶乃作記之末有云宋摭舊聞述爲小傳事有據依辭無溢美語與記秋公復祀頗不類繹其詞意似尚書作九先生傳而此爲傳序者然延祐志列大隱慈溪鄞江城南桃源廣平定川慈湖絜齋九先生傳於廣平舒先生下注云自大隱至廣平皆王先生撰是尚書所作祗六篇延祐志作於袁文清爲尚書高弟必無錯誤豈尚書以九先生祠記有二篇將爲九先生作傳改前記爲傳序未及卒業而遽沒耶今並登二記於卷并附疑義以質讀者

宋　王應麟

古之有道德者教於鄉里謂之鄉先生在鄉而祠（言行考作祀）於學猶在國（元作學据考改）之祭於瞽宗也詩曰有斐君子終不可諼兮大學以爲盛德至善民之不能忘也秉彝好德之良心千載一日（載下考有如字）况其邇者乎明自唐爲州文風寥寥宋慶曆中始詔州縣立學山林特起之士卓然爲一鄉師表或授業鄉校或講道閭塾本之以孝弟忠信維之以禮義廉恥守古訓而不鑿修天爵而無競養成英材純明篤厚父兄師友詔教琢磨百年文獻益盛以大五先生之功也（考注云楊適王致杜醇樓淳郁王說是爲慶曆五先生）

熙大儒疏澗瀍考作濂洛之源而達之洙泗是邦諸老之學始得江西考作江右之傳考作儒誤而考德問業於朱呂張子之門以尊考作修誤德性求放心爲根本以顏曾四勿三省爲準的闡繹經訓躬行踐履考作實踐致嚴於進退行藏之際致察於義利理欲之幾明誠篤恭仰俯無所愧怍學者知操存知下考有所字持養以入聖賢之域四先生之功也考注云舒璘沈煥袁燮楊簡是爲淳熙四大儒前後九賢教行於一世澤被於百世郡學有祠考作祀舊矣因鬱攸而廢至元甲午冬十一月八字考無洛陽秋元作狄誤也考作秋延祐志祠記亦作秋公桂持廉問之節

行部至明既即庠序見諸生思所以啟迪斯文俾多士知所矜式有言鑿典之未舉公喟然歎曰元無歎字據考加茲立教善俗之原其可緩乎乃屬郡博士戴君友復曹忐祀十二月丙子朔公屬至公十八字考並無率守貳僚寀是妥是奉以風厲士子丕遠惟耇老耇老考作考老考誤成人宅心知訓庶幾紹聞衣考誤服德言人有士君子之行衿佩竦瞻莫不忻忻曰善教得民心明使君考作使者有焉是祠之復其作新士習之機歟覺有先後道無古今高山仰止景行行止考無此四字非徒慕之亦允蹈之將有聞風興起者惟昔

沛三輔有耆舊節士序魯廬江有名德先賢贊並采摭舊聞並考作謹述為小傳事有據依辭無溢美用諗鄉之善士尚式時先哲之猷訓承承無斁承字考不重是月壬午後學王某記考無此九字

九先生祠堂記延祐四明志

宋 王應麟

古之鄉先生祭於社近世祠於學社所以養學所以教而教之功尤大秉彝好學之良心百世猶旦暮況其邇者乎誦其詩讀其書尚友古之人非一鄉之望也天下之望也四明鄉先生有九人焉宋慶曆建學之初楊杜

二王樓公以道德文行師表後進或授業鄉校或講道閭塾衣冠文獻益盛以大五先生之功也淳熙之舒沈楊袁諸公以尊德性求放心爲根本闡繹經訓躬行實踐學者知操存持養以入聖賢之域四先生之功也郡泮舊有祠因鬱攸而廢至元甲午季冬朔旦廉訪使者秋公桂屬郡博士戴君友始復毖祀觀者興起元貞丙申月正元日廉訪使者完顏公貞至學宮謁祠宇慨陋未稱相攸尊經閣之右規模一新府牧月列公提其綱帥屬協力庀事以迄於成妥侑如禮多士訢訢周爰咨

諏章善扶教以穀我子弟惟二使者之賜亦惟承流宣化之賢立師道以美風俗皆宜書凡我同志盍亦修孝悌忠信尚禮義廉恥學必正大學必篤敬式時前哲訓用對作新之盛德可不懋歟

文靖公墓田記　文靖言行考

元　曾堅

周官冢人掌公墓之兆域制至詳而意至厚固欲其久而明也古法既廢士大夫之族始有買田建屋置立守冢以私爲永久計者盍以義起之於是可以觀其前人之澤與其後嗣之賢否焉慶元路奉化州舒氏非其澤

之遠而賢之多者與宋乾道淳熙間朱陸張呂四先生倡道東南門弟子各自名家徧於郡邑而四明爲盛其盛者曰舒沈楊袁四氏而舒氏兄弟三人俱有學行祀於學宮其仲文靖公葬在州之剡源鄉嵩谿里墓側有庵一區庵外置有田若干畝及公受賜山若干畝歲收其入以充子孫拜掃之禮與夫守冢伏臘學業之需恆不足則又取公之孫曰修職君墓田之入以足之所補蓋四之一焉子孫以次董治而不敢侵其利守冢顓志服役而不敢怠其事祠宇整潔林木茂翳墓隧之門翼

然尊崇過者企敬出諸族右公之五世孫承事郎慶元路同知奉化州事然及其弟脩熙煦熊等謀曰自吾以修職君之墓田供文靖公墓之用蓋久而後世子孫或不知前人之心也能保其愈久而愈善哉茲具石圖其田山之形而託文以警示之其不可廢於是以命其子帥府都事莊而莊以請於臨川曾堅堅不佞幸生陸子之鄉高曾祖父世學其學結髮時讀師友淵源錄知舒氏兄弟之懿爲詳長而讀楊文元公誌公之墓有曰道心融明所覺非思袁正獻公記公之祠有曰以篤實不

欺爲主對越上帝而無歉質諸古人而不怍而王尙書伯厚記公之書院則曰先生學講於張成於陸而考德問業於朱呂嗚呼斯學也何學也若文靖公者殆所謂百世之師與則其墳墓在有司所當禁樵采置守冢時祭祀者也豈非爾後人之責哉有司未之及而墓域嚴整垂二百年非大賢流深澤遠與繼嗣有人其能然乎奉化君兄弟謹守家法隱遯不耀堅雖未之識而辱交都事君於今十年溫恭簡易信篤厚君子也觀其拳拳焉以保先墓勵後嗣爲急務此其存心誠孝豈易得哉

而今而後合夫宗人川文靖公兄弟之遺書相與講明究極知夫天之所以與我者萬世一日則尊祖敬宗自不能已凡墓皆思保全之也況若文靖之祖之墓乎必能以君兄弟父子之心爲心矣修職君諱泌楊文元公之外孫奉化君字新之以子貴莊字汝臨初辟太傅府掾今出爲浙東宣慰司都事云按日記稱新之同知奉化州事而又曰隱遯不燿何辟府乎又曰以子莊貴莊爲宣慰都事官不尚於同知何反以子貴乎蓋新之同知奉化州乃是封贈官元時封贈祖父與子孫異職而高於子孫其常例也言行考中光裕錄不知此例又不察隱遯等語依傍此記謂至元二年任同知不知奉化州同知凡二員至元二年同知一爲曹顯一爲石抹宋兒只明見至正四明志

不容妄說也在推官都事亦不見在正志中蓋在
成志以後此則可據固記以補四明職官者也

繼志堂記言行存○按因遜志齋集正學集皆無此記然其文不似贗鼎或佚在集外者耶存之

明 方孝孺

負高世之器者當任舉世之責才足以高天下而不以天下爲心知道者不忍爲也天之生斯人也其才之相遠若蒹葭之於松柏優劣大小不可以數計隴畝之人不能處其身鄉黨自好之徒不能知一國之俗而吾獨幸而會天地之全遂性命之中通事物之理傑然超乎眾人之上前乎千載者將俟吾以爲章後乎斯世者將

約園刊本

資吾以爲準而與吾同倫共域之民非吾則無所恃以自立苟不思爲之計而恤恤焉私利其身安在其能過於衆人也哉是以聖賢豪傑之居乎世不憂其躬之饑寒而憂四海之不治不憂聲譽之不著而憂斯道之弗明飭形儆神務以其身徇天下此孔孟之學所以異乎異學曲士偏詖之教而非楊墨佛老之所能及也昔宋乾道淳熙之間子朱子倡孔孟之道以開學者天下和之者甚衆而陸文安公子静獨以其所自得出乎其間與之相角聞其說者或疑其高遠而難繼然嘗誦其言

以爲宇宙內事皆吾事也卓哉言乎此豈勦說竊取而爲此言也乎其道之所至未必皆合於聖賢而斯言則聖賢不能易也自朱子之殁聖賢之迹不復見於世爲士者志卑而習下舍利祿名譽則無所存其心竊觀其爲而哀之四明舒君敬義作講學之堂以教其子孫而名之曰繼志問其所慕則其祖文靖公璘而文靖公則陸公之門人也因陸公之言而推其志是豈苟以儒學自名者乎率是以爲君則可俾宇宙內無失所之物率是以爲臣則可俾當世無不善之政雖不獲見知於時

以行其道然其所至事功輒赫赫交著其志亦概可見矣然則文靖之所學敬義之欲起而繼之者寧不在兹乎由聖賢之事考之善繼堯舜禹湯文武之志者莫大於孔子繼孔子者莫如孟子嗣其後而承之者未嘗絕也其人非必出於一家其生非必並於一時其學未必同乎一師而其志之所存相去不踰毫髮蓋道之本於心者不能不同也居今之世有能修聖賢之業以天下自任居則淑其鄉邦仕則行乎政教豈非賢者所望於將來者乎苟舍其所當繼而以利祿華寵爲學術之極

致此世俗之陋也固非文靖公之志亦非予所望於賢者之子孫也

正學祠記碑本〇按曰雍正間重刊言行考增刻此記少有錯脫今以石本正之其有意改易者則以楊袁沈舒爲舒沈楊袁也記中序四公里居姓字及楊袁沈舒之學云云盡改以舒爲首是欲尊奉乃祖而不知淺視文靖甚矣宋王尚書記九先生祠堂元袁文清立四先生傳並以文靖先沈楊袁明人以楊袁名盛遂易其稱如此記而謝山即云楊袁年輩後於舒沈是則公論具在何必於一碑文中爭坐位耶

明　薛應旂

夫學所以明道也道安從生哉人有此心心卽是道故曰道不遠人孔子道之宗也自十五志學以至於七十

不知老之將至究其所自得則曰從心所欲不踰矩其於七十子之徒獨稱顏子爲好學及語其所好何學則曰其心三月不違仁於乎學之源流斷可識矣是故先孔子而聖者堯舜是也惟危惟微之論莫非以此心相授受後顏子而賢者孟子是也存艮求放之論莫非以此心相提攜豈大聖大賢皆趨簡便樂要約而惡博厭煩哉道之體本如是也秦漢晉唐上下千百餘年出沒於申韓佛老訓詁詞章之間而豪傑之士亦不免淪胥以溺於是正學失傳而紛紛之論莫知所適從矣宋興

百有餘年諸儒繼出而立言著論固皆足以爲聖門之羽翼至於直窺堂奥上遡本眞而獨得夫傳心之學者象山陸氏蓋不可誣也當時遊其門者若慈谿楊敬仲鄞袁和叔定海沈叔晦奉化舒元質皆其高第弟子以道義相切磨而深有契夫陸氏之學此其所得豈可以汎常例論哉特以其師之學與晦菴朱氏入門路徑微有不同遂致往復論辨眞若忿爭雖其後會歸於一轍然相合而各得其本心則固有人所不及知者矣所以是朱非陸之説卒蔓延於天下後世而不可以一二開

導也楊袁沈舒之學得其宗夫孰從而知之夫天下之大千百年之遠得一人焉斯亦難者今以一明州之地萃茲四賢而久無專祀不得與發之何王金許並列者毋亦朱陸之故也乎有識者不能不爲之慨歎矣嘉靖辛亥舒氏之後以建祠請於部使者適予視學兩浙遂與寧波守成都孫君宏軾議合四公而祠祀焉因即郡城鎮明嶺巷廢址建正堂左神庫右神廚各三楹外爲門楣三楹址橫闊七丈四尺縱長五丈八尺周以磚垣經始於壬子二月朔日落成於七月四日立主題四公

之論妥安如禮夫朱陸之學異同者衆然溺因襲之見而主先入之說者至今未盡決也噫是豈可以口舌爭也哉惟是祠成庶幾拜瞻者以心會心其將有啟發矣乎是舉也値海上有兵事倥偬卒獲告成事者君子可以觀守之學究本原而政先禮樂矣余故樂爲之記

文靖公祠記奉化縣志　明　胡夢泰

朱陸於異處求同後人於同中分異言水者譬焉或曰水性自流或曰導之使流若曰水不自流能運崑崙之土塡東海之坊乎若曰流不肯導則禹之功鑿矣大學

言明新必以至善爲歸中庸言天性必由修道而入學庸有異旨哉文靖先生親承朱陸之誨一以貫之故其言曰吾非能一蹴而入其域也刻苦磨厲改過遷善日有新功亦可以拂畔云爾又曰敝牀疏席總是佳趣櫛風沐雨反爲美境非有自得於其天而能然乎自儒修之墜地致異敎之滔天毛角鄒魯肺腑乾竺總由見吾道之不精因惕於彼說之大別警之敗家兒將祖父產業鬻棄殆盡乃乞食於其奴豈不哀哉予小子忝每思窮知行內外合一之旨會散趣歸因體達用挽乖馳於

既倒扶西輪而再中竊有志焉而未逮也不幸生而晚不獲從諸大儒遊與聞性道之說猶幸幼而生於鵝湖之鄉則嘗日求陸四先生辨論同異之地也壯而筮仕幸於奉川則又文端先生之里也憶天啟間璫人屬陽閹兒齊如滋劇野無正氣士大夫喪良心一時碩果獨恃東林講學諸君子與之敵故諸君子之受禍最慘記癸丑時爲諸生伏枕在牀聞而哭之未幾而詔天下毀書院矣未幾而塲祠巍然並大成殿矣時詔下吾鉛鵝湖書院當事者重名士爭之力得不毀此亦見先儒義

旨洗刷泛濫於士心之效也聖天子即位之初聲色不
動巨憝就殲如蘋竹隕於是西學大絀氏首先哲卜有
五年於此儒教大明乃知立天地猶夫立代也道學之
傳賴爲不墜之宗恆續之例斷欲毀之誰得而毀之雖
欲絕之誰得而絕之也哉四明有四名子若楊若沈若
袁而先生最稱篤信先生之祠舊有廢于書院蓋家塾
也予思祠之於縣以大先生之教乃與舒姓之子衿議
時則有若君及管、君慨然欲捐資力任其事若其南
其旨其豐其才乘興可道者顧其寢其成時則有若復

及奇逆者則以宗譜爲憑系也予笑而謂之曰是又欲於先生之門而來之陛之也行川學海皆歸於海卽非先生之支行能光大先生之訓延續先生之志者先生寧不引而内之也哉而今而後予將與諸子共期尊德性而道問學致良知而務實行學以明性則知天下莫精於斯而邪淫黜矣行以致知則知天下莫[illegible]於斯而依附退矣如此而後拜於先生之祠下始無愧僞是祠益不可以已爰是卜地於鬱宮之東舊廢公址也予捐俸四十金爲庀材鳩工之費議甫定而介以入覲行

乃先爲之記而去時則崇禎壬午歲又十一月之十日
也

淳熙四先生祠堂碑文 鮚埼亭集外編

國朝 全祖望

吾鄉遊在海隅隋唐以前儒林闕略有宋奎婁告瑞大儒之教徧天下吾鄉翁南仲始從胡安定遊高抑崇趙庇民童持之從楊文靖遊沈公權從焦公路遊四明之得登學錄者自此日多然其道猶未大也淳熙四先生者出大昌聖學於句餘間其道會通於朱子張子李子

而歸宿於陸子四明後進之士方得瞭然於天人性命之行四先生之爲海邦開發蒙者其功爲何如哉四先生立身居官大節歸然如莪眉天半固無庸以多述惟自後世紛綸於德性問學之門戶而所以論四先生者寖失之雖然是乃世人不讀書之故耳予嘗觀朱子之學出於龜山其教人以窮理爲始事積集義理久當自然行得至其以所聞所知必能見諸施行乃不爲玩物喪志是即陸子踐履之說也陸子之學近於上蔡此語本之黃氏日鈔其教人以發明本心爲始事此心有主然後可以

應天地萬物之變至其戒束書不觀遊談無根是卽朱子講明之說也斯蓋其從入之途各有所重至於聖學之全則未嘗得其一而遺其一也是故中原文獻之傳聚於金華而博雜之病朱子嘗以之戒大愚則詆窮理爲支離之末學者陋矣以讀書爲充塞仁義之階陸子憮俗媚道之失言則詆發明本心爲頓悟之禪宗者過矣夫讀書窮理必其中有主宰而後不惑固非可徒以泛濫爲事故陸子教人以明其本心在經則本於孟子擴充四端之教同時則正與南軒察端倪之說相合此語

見朱子語錄心明則本立而涵養省察之功於是有施行之地原非若言頓悟者所云百斤擔子一齊落地者也是以廣平兄弟驟有所省而廣平曰學非可以一蹴而至也吾惟朝於斯夕於斯其亦可以弗畔矣則廣平方且以頓悟戒學者定川晝觀諸妻子夜卜諸夢寐聞過自訟不敢苟安其刻厲如此乃由艱苦而成者慈湖齋明嚴恪非禮不動生平未嘗作一草字固非恃扇訟一悟以為究竟也絜齋教人以自得而謂吾心與天地相似精思以得之兢業以守之則其全功可知矣四先生中慈湖稍近

頓悟特其立言之偏至其制行則大醇當略其言而觀其行世之學者未嘗窺見前輩之根柢即其流傳之失實者妄施議論其惡乎可朱子謂浙東學者皆有爲已之功持守過人而微嫌其讀書窮理有未備其實不然慈湖於諸經皆有所著垂老更欲修羣書以屏邪說而未就絜齋謂爲學當通知古今學者但慕高遠不覽古今最爲害事廣平經術深於詩禮而尤爲吾鄉說詩大宗定川與東萊兄弟極辨古今閎覽博考晚年雖病中不廢觀書是四先生皆以持守爲本而從事於擇識以輔之其致功之次第歷然可

考也總之古人爲學其途徑所發軔或不能盡同然究竟則必無相背而馳者朱子嘗自言目前爲學緩於反己反以文字奪其精神其惟恐流於口耳之弊如此所以不墮於支離也四明之學正不敢於方寸澄然之後怠其致知格物之務此所以不流於頓悟也然則其殊途而同歸者總所以求至於聖人而已吾鄉湖上舊有四先生祠明嘉靖中所立也予嘗偕同學諸公舍奠其中而爲講會焉薛學使方山舊有碑其文未足以發乃更勒石以記之

四先生祠堂碑陰文

嘗讀宋史於陸子傳中祗推四先生能傳其學而凡槐堂之子弟不預以四先生能得陸子之學統也顧四先生皆導源於家學其積力已非一日及一見陸子即達其高明廣大之境相與神契而無間嘗攷之慈湖之父通奉公諱庭顯以處士爲後進師廣平嘗自序其學曰南軒開端象山洗滌老楊先生琢磨老楊先生即通奉也廣平嘗切磋於晦翁講貫文獻於東萊而自序不及焉直以通奉鼎足張陸則其學可知矣陸子銘通奉墓

亦云年在耄耋而學日進當今所識楊公一人而已融堂謂通奉與物最恕一言之善樵牧吾師省過最嚴毫髮不宥至於泣下是慈湖過庭之教所自出也定川之父簽判公（諱銖）學於焦先生公路以傳程氏之學史忠定王稱其忠信質直容止莊敬衣冠端嚴造次必稽孔孟之言是是非非無曲從苟止孝修於家行尊於鄉面箴人失退無後言其高弟舒烈作行狀謂簽判之事焦先生極恭其後諸生所以事簽判一如之雖已極貴然莫敢窺簽判家法是定川過庭之教所自出也廣平之父

通直公諱澈最與童公持之講學相睦陸子銘其墓謂其溫恭足以訾傲惰之習粹和足以消鄙吝之心按曰此謝山誤記也象山未嘗銘通直墓溫恭二語出自象山之兄文達公九齡見文靖撰先君墳志中蓋亦學有原本者童公故龜山弟子也遂爲廣平娣翁絜齋之父通議公諱文予向見其甕牖閒評一書特說部耳至其折節忘年問道於定川因使絜齋事之則知其從事於躬行之實非徒浴聞者流也然則四先生門其始志學之時已早得門內之圭臬而由之況又觀師取友徧講習於乾淳諸大儒而去短集長稽疑析累及其摳衣陸

子之門遂登首座固其所也夫師明道兄弟者必推本於大中論康節者上及古叟宗建安者不遺章齋則四先生之所自出可以置之不問乎爰語同學諸生令別治栗主於後堂而祀之而稍爲据摭其言行之大略鐫之碑文之陰使後之人有攷焉

祭文

祭通判舒公元質文 絜齋集　宋　袁燮

某與吾兄金蘭之契餘三十年義均兄弟聞兄之疾且旦懸繫自溫還明休息勞勤謂沈痾之既痊每拊躬而

自慰曾不幾時遽以訃至驚呼失聲何以至是喪我良友如之何不痛心實溺也嗚呼兄乎天稟之粹如彼鳳麟爲時嘉瑞自始奮發蜚聲槐市經術淵源辭采宏麗退然不矜日益磨礪隆師親友刻心刻意思古聖賢標準萬世仰攀高蹈謂必可繼操行行端屋漏無愧不求名聲不貪榮利護養良心毋敢失墜孚於家人施諸政事教養作成士賢而藝吏提其公民懷其惠平生力學纔見一二謂福履之方隆俄一劇而川逝嗚呼兄乎孰能盡力閨門如兄之躬行孝悌乎孰能保遵名節如兄

舒文靖公類稿　卷下　二十六　四明蔡敬書

之肝膽忠義乎又孰能與世信之如兄之不遺譏議乎攷其終身踐履純備死生夜旦夫復何憾而所可深痛者朋友之切磨之益而後學失歸依之地也聞兄之喪欲往莫遂撫棺慟哭形於夢寐寓哀情於一觴望靈帷而涕泗嗚呼哀哉

祭元質文 慈湖遺書

宋 楊簡

承議郎楊簡致奠於故友人元質舒兄通判嗚呼昔孔子沒既葬他日子夏子張子游以有若似聖人欲以所事孔子事之夫有子能使同門諸友斂衽而師之其賢

可想而知已而曾子獨不可曾子斷斷乎非爲己勝者裼裘之失言出祖之失禮速貧速朽之失自諸賢知之曾子亦自知曾子何所見於此而獨異哉皜皜之論曾子自言曾子自知他人安能盡知寥寥乎千載之下知曾子者有幾知自信者有幾吾元質亦庶乎自知自信矣而知元質者有幾元質豈有異乎人哉亦不過不失孔子所謂忠信之主本者而已矣忠信人所自有而自知其爲主本者無幾元質之朋友則知元質矣亦安能盡知新安從遊之士蒙被元質之啓佑開亦有知元質

者矣恐無幾乎陽之民感元質撫字之愛服元質惻怛之誠矣知元質者爲誰吾鄉萬口一辭曰吾元質忠信士也吾鄉多士知元質者亦屢見其人矣而自爲衆言之則亦無幾爾嗚呼已矣簡獨念不獲與元質俱終其學俱進其發憤忘食之篤志以緝熙於光明嗚呼已矣元質享簡之奠元質之心惟簡知之嗚呼元質嗚呼元質

祭舒簽判琬通判璘文　攻媿集　宋　樓　鑰

猗歟舒氏何其多賢昆仲飛英俱是少年西美元英旣

已玉折於往歲所賴以主門戶者惟傳正傳道元質之
鼎立而乃相隨於九原耶惟吾傳正負氣敢言晚對大
廷直聲凜然止或尼之不至帝前尉於武昌恩威並宣
日剖滯訟自以不冤五溪峒蠻動興戈鋋匹馬深入且
諭且鐫投戈解仇羅拜馬前遠邇驚歎詠歌四傳通籍
金閨將宦閩川一疾困之遂至沈綿祠祿甫頒朝露遽
先惟吾元質良知自天蚤登上庠受知南軒一日千里
師有淵源學道愛人中心拳拳新安客授範模陶甄橫
陽撫字吏畏民安私淑諸人春誦夏絃本思無邪貫三

百篇慮以治中傷哉士元嗚呼二公之亡也固無憾於其身我之邪也傷吾今之不復見此二人兒之於事如燭照而數計季之於人如熙然之陽春主盟義風聲至響臻事無劇易人無故新鄉有曲直不於公堂而惟兒之訴人有叩情不之他人而惟季之親今而忽焉連璧沈淪嗚呼天之於舒氏何多予以才而不使究其用不予以利祿而強其名豈名者造物之所甚貴有非利祿之所均耶我有疑慮從誰咨詢里有後生緊誰是遵悲夫傷哉靈幃有行雙旐相因薄奠寫哀豈吾儕之私情

上爲清時惜此人物而下爲吾鄉痛二公之不得伸也

郡學祠四先生文　文山集　　宋　文天祥

嗚呼師道不立朋何以興心學不傳朋何以成師立心傳孔氏教行張呂朱陸森然戶庭於時鄮峯鐙熒鐸鳴舒沈楊袁人皆名稱廣平之學春風和平南軒發源象山始亨金華武夷夜窗幾許定川之學秋霜肅凝瞻彼慈湖雲間月澄瞻彼絜齋玉澤冰瑩遡源皆從象山弟兄養其氣翳出其光明走也南來願挹典型於郡之庠儼列丹青先授皎皎後習烝烝卽心是道非言語爭有

克似之東南得朋

奉化州祀廣平書院文 按曰文見言行考下署若蕭奉議曰署知州蕭奉議元知州多奉議大夫奉議蓋稱其官然郡縣志無元知州蕭姓者疑任在至正志後明志失之

惟公道心融融萬古一轍首倡四明風行百粵講貫朱呂授受南軒連峯屹立風月無邊洋洋廣平明明遺德貽厥後人是燕是翼載祭春秋丁釋奠先聖謹以醴齊牲幣粢盛庶品用伸常祭

奉化縣祭文靖公祠文 按曰此文見言行考補刻不著名氏在胡知縣文靖祠記之後蓋亦胡作

於惟先生典型山斗理學淵源辨晰異同貫徹性天闢邪崇正功在聖賢鄒魯一鐙賴有薪傳紫陽伯仲濂洛比肩東林後學仰止開先先生大儒俎豆千年屆茲春秋祭詣祠告虔尚饗

雜文

文靖公書堂講義本堂集　宋陳著

著幸生文靖公舒先生之里愧不得在當時弟子列仰慕景行此心何如邇者廣平書院之設有象賢焉闡明家學親疏遠近于于來集甚盛舉也十月朔旦俾即講

席辭不獲命勉強登堂著惟夏正孟冬以卦配月是爲純坤姑取坤前後之剝復而論其大義以見陽無可盡之理聞者當亮其僭序卦曰剝者剝也物不可以終盡剝窮上反下故受之以復易之義奧矣哉季秋之月寒氣總至天地始肅草木黃落萬物就枯配以易卦是之謂剝剝於上九曰碩果不食蓋剝爛矣而有不爛者存剝落矣而有不落者在一爻之陽生生所脈也一實之妙萃萃所根也然獨陽在上五陰在下變則陰極其機甚危而水冰地凍之既滅所以固吾之陽氣上騰下降

之不通所以安吾之陽體靜者其動之府終者其始之機故至七日則來復伊川先生所謂變於上則生於下無間可容息者是也碩果陽也君子也君子者道之寄也然不觀此卦之上九不足以見碩果不觀變之極不足以見君子夏道既衰君子既無所容而伊尹爲碩果商受肆虐君子類罹僇辱而箕子爲碩果春秋爲何如吾夫子爲碩果戰國爲何如吾孟子爲碩果孤秦之暴儒術滅於焚坑而齊魯兩生招之不至卓然自全獨能見禮樂本意非碩果而何兩漢之末人物盡於黨錮既

而諸葛孔明南陽高卧志復漢室非先主不輔先儒以爲庶幾禮樂非碩果而何八代更詳紛紛籍籍以至於隋而汾亭獨以古學淑諸生是碩果在文中子唐之中葉佛骨之來滿庭阿佞而昌黎忘身闢佛是碩果在韓愈氏五季大亂之後五星聚奎之朝諸賢方爲之交泰既而黨碑一立善類爲空元城了齋相繼淪没而劫灰不燼者尹和靖爲碩果抱道巋然者楊龜山爲碩果不問其所成之大小不問其所詣之淺深不問其所得之疵而未純不問其所入之偏而未全凡可以與斯文凡

約園刊本

可以衛吾道凡可以詔來世凡可以激高風由是焉以道德師表一世以事業照耀千古以忠言直氣見之周行以清標粹行見之鄉國胥此焉出而各隨所復不必計其人之存與亡不必計其世之久與近行聖人之道則聖人之復行賢人之道則賢人之復也所謂剝復之義豈不昭昭然可見哉文靖先生有立身之正學有修身之實行參承於南軒而仰證於象山遠則審訂於周程朱之見聞近則問辨於楊袁沈之交際力行所到後學所師流俗滔滔道則在是非吾鄉之碩果乎詩書餘

澤子孫多賢爰即舊塾規爲新堂舍茶有儀開講有席當剝窮之際有復來之機昔日先生之學正矣登斯堂者必思復於先生之正而後可先生之行實矣登斯堂者必思復於先生之實而後可剝之上九不食復之初九不遠相與切磋以求無愧於文靖茲惟其時其毋以世變自諉而曰剝而不復 按曰此本堂先生入元以後之作

舒文靖贊 南山家傳集 明 黃潤玉

先生之學自陸而朱融會貫通卒爲大儒美境佳趣風雨做牀師模後進煦然春陽

詩按曰文靖同時諸公贈答挽弔之章既不得見後人題詠本可不錄而言行考中錄有戴汪二詩剡源一代文宗澹庵亦好學行古道司教南豐有惠政故並登之其他如廣平入詠集賢鄉尊詩詩既不佳且非專爲文靖而作不必錄也又按中卷所錄景泰奉化縣志即澹庵所修者

題舒文靖公墓 剡源集 元 戴表元

莫輕數尺黃泥壤埋卻斯人後更無山上自難生毒草樹間長見聚慈烏樵耕可免憑鄉俗洒掃能來自學徒後有宣尼須痛惜待將墓額寫嗚呼

廣平先生祠 奉川百詠 明 汪綸

鄉邦德教感人深自昔祠堂在泮林俎豆昭昭存盛典

絃歌譪譪播遺音儒風共想仍留遠文脈何堪遽陸沈廢址殘碑荒蘚合悵然回首欲沾巾

廣平書院

舒公設教廣平鄉濟濟儒紳集講堂一代文風成美俗百年喬木譪清光典型猶見圭田在世澤何堪舊業荒過此恐聞金石奏令人追想魯共王

舒文靖公類稿附錄卷下

圖書在版編目（CIP）數據

徐時棟集 / 寧波市人民政府地方志辦公室整理. ——寧波:寧波出版社, 2016.12

ISBN 978-7-5526-2776-3

Ⅰ. ①徐… Ⅱ. ①寧… Ⅲ. ①徐時棟（1814−1873）—文集 Ⅳ. ①Z429.49

中國版本圖書館CIP數據核字（2016）第304216號

ISBN 978-7-5526-2776-3

9 787552 627763 >

徐時棟集

整　　理： 寧波市人民政府地方志辦公室
責任編輯： 沈建國
封面設計： 唐雪冬
出版發行： 寧波出版社
（寧波市甬江大道1號寧波書城8號樓6樓 郵編：315040）
印　　刷： 寧波市白雲印務有限公司
開　　本： 787mm × 1092mm　1/16
印　　張： 132.75
字　　數： 880千
版　　次： 2016年12月第1版
印　　次： 2016年12月第1次印刷
標準書號： ISBN 978-7-5526-2776-3
定　　價： 500.00元